rowohlts
monographien

HERAUSGEGEBEN
VON
KURT KUSENBERG

THOMAS MÜNTZER

IN
SELBSTZEUGNISSEN
UND
BILDDOKUMENTEN

DARGESTELLT
VON
GERHARD WEHR

ROWOHLT

Dieser Band wurde eigens für «rowohlts monographien» geschrieben
Den Anhang besorgte der Autor
Herausgeber: Kurt Kusenberg · Redaktion: Beate Möhring
Schlußredaktion: K. A. Eberle
Umschlagentwurf: Werner Rebhuhn
Vorderseite: Thomas Müntzer. Stich von C. van Sichem, 1522
Rückseite: Spottbild auf den siebenköpfigen Luther. Aus einer
Schmähschrift von J. Cochläus, 1529

1.–13. Tausend	Mai 1972
14.–16. Tausend	März 1975
17.–19. Tausend	Juli 1976

Veröffentlicht im Rowohlt Taschenbuch Verlag GmbH,
Reinbek bei Hamburg, Mai 1972
© Rowohlt Taschenbuch Verlag GmbH, Reinbek bei Hamburg, 1972
Alle Rechte an dieser Ausgabe vorbehalten
Gesetzt aus der Linotype-Aldus-Buchschrift
und der Palatino (D. Stempel AG)
Gesamtherstellung Clausen & Bosse, Leck/Schleswig
Satz Otto Gutfreund & Sohn, Darmstadt
Printed in Germany
580-ISBN 3 499 50188 0

INHALT

REFORMATION VON UNTEN	7
«ICH, THOMAS MÜNTZER...»	16
DAS PRAGER MANIFEST	28
ALS «SEELWARTER» ZU ALLSTEDT: LITURGIKER UND POLITISCHER PREDIGER	40
DIE DEUTSCHE MESSE	47
WIDER DEN «GEDICHTETEN GLAUBEN»	54
DIE FÜRSTENPREDIGT	58
DIE BUNDESPREDIGT	66
«AUSGEDRÜCKTE ENTBLÖSSUNG DES FALSCHEN GLAUBENS»	73
DER BAUER STEHT AUF	74
LUTHER IM BAUERNKRIEG	87
REVOLUTIONSZENTRUM MÜHLHAUSEN	94
ZWISCHENSPIEL IN NÜRNBERG	101
«HOCHVERURSACHTE SCHUTZREDE»	109
IN DER ENTSCHEIDUNG	112
DIE NIEDERLAGE VON FRANKENHAUSEN	123
MÜNTZERS ENDE	129
THOMAS MÜNTZER UNTER UNS – VOR UNS	135
ANMERKUNGEN	137
ZEITTAFEL	142
ZEUGNISSE	144
BIBLIOGRAPHIE	147
NAMENREGISTER	157
ÜBER DEN AUTOR	160
QUELLENNACHWEIS DER ABBILDUNGEN	160

Fryheit. Titelblatt einer Flugschrift der aufständischen Bauern. Holzschnitt, 1522

REFORMATION VON UNTEN

Vieles haben die kleinen Leute, die Hungrigen, die Gebundenen, die Entrechteten, die «Bettler um Geist» den Satten, den Etablierten, den vermeintlich Freien voraus: den Durchblick durch die allzu engen Horizonte, das Verlangen, aufzubrechen, um selbst Unmögliches zu erreichen, eine Hoffnung, die mehr ist als ein abstraktes Prinzip, Hoffnung als eine Gewißheit und als Triebkraft auf dem Richtweg nach vorne.

Das bekamen die Sklavenhalter Altägyptens zu spüren, als die Söhne Jakob-Israels ihren Stammesgott als den Gott des Exodus, des Aufbruchs und des Voranschreitens begriffen und als sie sich auf den Weg machten. Im Namen dieses Gottes wurde der Kleinbauer und Schafzüchter Amos von Tekoa zum Propheten wider die Unterdrücker und Ausbeuter, wider die Opferpriester und Verwalter eines veräußerlichten, geistig ausgehöhlten Kultus. Und der Rabbi Jesus von Nazareth, «der Zöllner und der Sünder Geselle» – all denen ein Dorn im Auge, die seit eh und je Heiliges wie ein Gewerbe treiben –, nährte die unauslöschliche Sehnsucht in den Herzen seiner Nachfolger, als er sie inbrünstig beten lehrte: Dein Reich komme! Das mußte viele beunruhigen, ja den «ganzen Weltkreis erregen» (Apostelgeschichte 17, 6).

Thomas Müntzer ist einer von ihnen, ein tief Erregter, Erregender, Beunruhigender, einer, der für die Vergessenen, immer wieder Eingeschüchterten eingetreten ist; der sich nicht gescheut hat, im Blick auf den Anbruch des Reiches im Zeitalter der Reformation zum Anwalt der Revolution zu werden. Ernst Bloch hat recht: «Mit Zeus, Jupiter, Marduk, Ptah, gar Vitzliputzli hätte Thomas Münzer das nicht geschafft, was er mit dem Auszug aus Ägypten und dem gar nicht so sanften Jesus zu läuten anfing.»[1]* Um Müntzer und um jene zu verstehen, für die er den Mund auftat und sein Leben riskierte, muß man das 15., 16. Jahrhundert als zwei Jahrhunderte großer religiöser und gesellschaftlicher Unruhe zu verstehen suchen.

Wann und wo fing das an? Es ist schwierig, einen Punkt zu bezeichnen, von dem aus die Entwicklung ihren Lauf genommen hat, die zu Thomas Müntzer und über ihn hinaus führte. Der Ruf nach einer umfassenden «Reformation an Haupt und Gliedern» ging im 15. und 16. Jahrhundert durch die gesamte Christenheit. Gewiß ist das religiöse Moment dieser Forderung nicht zu verkennen. Es war zunächst in erster Linie die Kirche, bei der die Reform anzusetzen hatte. Die Einheitskultur des Spätmittelalters ist aber schwerlich in eine geistliche und in eine weltliche Sphäre aufzuspalten. Richtig ist daher auch, daß das Verlangen nach einer grundlegenden Reforma-

---

* Die hochgestellten Ziffern verweisen auf die Anmerkungen S. 137 f.

tion Kirche und Welt, den religiösen und den gesellschaftlichen Bereich umfaßte. Reformation wollen und Reformation auch tatsächlich betreiben war aber offenbar zweierlei, bedeutete doch gerade die reformatorische Tat massive Kritik an den alteingesetzten Institutionen, an der so gut wie unangreifbaren Kirche und den oft fragwürdigen Praktiken ihrer Führungsschicht. Nicht wenigen ist es übel bekommen, die folgerichtig die Konsequenzen aus dem allgemeinen Wunsch nach einer Veränderung aller Dinge gezogen haben. Die Ketzergeschichte, vornehmlich des ausgehenden Mittelalters, kann mit Belegmaterial aufwarten.

Am 4. Mai 1415 fällte das in Konstanz tagende «Reform»-Konzil der römischen Kirche sein Urteil über 45 Sätze des englischen Theologen John Wyclif, der ähnlich wie Petrus Waldus, der Kaufmann

Jan Hus auf dem Scheiterhaufen. Holzschnitt aus Hussens Postille von 1563

aus Lyon, und später der Italiener Girolamo Savonarola zu den Vorreformatoren gezählt wird. Wyclifs Theologie, die der Selbstentfremdung der katholischen Kirche zu Leibe ging, hatte in Böhmen ebenso entschiedene Parteigänger wie Gegner gefunden. Am 6. Juli 1415 stand der Tscheche Jan Hus, Theologieprofessor und Prediger in Prag, in Konstanz auf dem Scheiterhaufen, weil er sich nicht nur zu Wyclifs Thesen bekannt hatte, sondern einer Reform der Kirche den Weg bereiten wollte. «Das Konzil hatte über ihn triumphiert. Aber nur dem äußeren Schein nach war er unterlegen», schreibt Renate Riemeck in ihrer bemerkenswerten Hus-Biographie.[2] Ein Schrei der Entrüstung ging durch Böhmen. In der hussitischen Bewegung der Utraquisten und der radikalen Taboriten brach sich der reformerische und der revolutionäre Wille Bahn. Mit Feuer und Schwert verkündeten die Taboriten ihre Botschaft vom Anbruch des Jüngsten Gerichts, als dessen Vollstrecker sie sich fühlten. Während die Gemäßigten (Kalixtiner) für den Laienkelch bei der Austeilung des Abendmahls, für eine communio sub utraque specie, für eine Kommunion unter beiderlei Gestalt (Brot und Wein), eintraten, verfolgten die Radikalen nicht zuletzt sozialrevolutionäre Ziele.

Was von Böhmen aus in den übrigen mitteleuropäischen Umkreis hinein ausstrahlte, entsprach im 15. Jahrhundert der allgemeinen Erwartung großer Dinge. Die große Verderbnis in der Kirche, bei Klerikern und Mönchen, war ebenso wenig zu übersehen wie der Egoismus der Grundherren und Adeligen. Volksprediger wie Geiler von Kaysersberg und Satiriker von der Art eines Sebastian Brant («Das Narrenschiff») haben je auf ihre Weise die Zeitlage mit scharfem Wort und mit spitzer Feder kritisiert. «Der Himmel selbst ist käuflich geworden!», so lautete eine der bitteren Anklagen. Nikolaus von Kues, der spätere große Kardinal, schrieb noch als unbekannter Theologe und Teilnehmer beim Baseler Konzil sein Buch «De concordantia catholica», in dem er die «Verunstaltungen und Gefahren» in Kirche und Reich als eine «tödliche Krankheit» charakterisierte. Aber die Konzile von Pisa und Konstanz (1409–18) bzw. von Basel und Ferrara-Florenz (1431–49) gaben keine Antwort auf die brennenden Fragen der Zeit. Die zur politischen Führung Berufenen wußten keinen Ausweg, um die Bedrängnis der Geringen, das heißt der kleinen Bauern und der unbemittelten Handwerker und Kleinbürger, zu beseitigen. Vor allem fehlte es an dem nötigen Mut zu einer Veränderung der Gesellschaft, die dem im aufblühenden Humanismus sich herausgestaltenden Bild vom autonomen Menschen entsprochen hätte.

Wie groß die Hoffnung auf die Neuwerdung aller Dinge war, drückt auch die politisch-kirchenpolitische Programmschrift eines Ungenannten aus, die unter der Bezeichnung «Reformatio Sigismundi» um das Jahr 1439 in Umlauf kam und bis ins 16. Jahrhundert hinein mehrere Auflagen erlebte. «Die hohen Häupter sind nicht zu mahnen, wann sie das Unrecht innehaben mit Gewalt», heißt es da. «Aller Gebrechen Grund aber liegt in zwei Stücken: an der Simonie, das ist der Hang zum Wucher bei der Geistlichkeit und bei den Weltlichen am Hang zum Geiz.» Damit ist das Grundübel auf eine kapitalistische Gesinnung zurückgeführt. Die Reformatio, die als ein Traum des Kaisers Sigismund vorgestellt wird, zielt auf Umgestaltung der sozialen und politischen Ordnung hin, eine Umgestaltung, die beim «Haus des Herrn», bei der Kirche also, beginnen müsse. Das Papsttum, die Bischöfe, Kirchengemeinden, Klöster und geistlichen Orden sind in die reformatorischen Maßnahmen einzubeziehen. «Soll man aber kommen zu göttlicher Ordnung, so muß es geschehen durch Gottes und durch das weltliche Schwert. Man soll es brauchen in rechten Nöten um Gottes und des Glaubens willen und um Gerechtigkeit.» Voraussetzung für die Neuwerdung ist das richtige Verständnis der sieben Sakramente. Es unterliegt keinem Zweifel, daß einige Gesichtspunkte der Reformation Luthers durch die «Reformatio Sigismundi» bereits vorweggenommen erscheinen, zumal das Prinzip eines allgemeinen Priestertums aller Gläubigen zur Sprache kommt.

Hauptziel des ungenannten Verfassers wie das anderer Kritiker seiner Zeit ist die Herstellung einer gerechten und vollkommenen Weltordnung, in der das alte, das überkommene Recht zurückgewonnen werden soll, die iustitia dei (Gerechtigkeit Gottes) im Gegensatz zu dem späteren, vor allem von den Bauern nicht verstandenen Römischen Recht, dessen sich die Unterdrücker bedienten. Eine Unterscheidung von «göttlichem» und «natürlichem» Recht, wie sie etwa in Luthers Zwei-Reiche-Lehre begegnet, kennt die «Reformatio Sigismundi» nicht. Alles Recht, alle Rechtsprechung habe letztlich von dem Kaiser auszugehen. Und da sich die Schrift gleichzeitig mit der ländlichen Bevölkerung beschäftigt, gilt es, die Interessen des kleinen Mannes, des Bauern, des Handwerkers und Tagelöhners zu schützen. An der Änderung der Dinge wird ein geweissagter, hier und andernorts oftmals anvisierter «Kaiser Friedrich» beteiligt sein. Bald ist der erhoffte Reformator ein «oberster Pfarrer», der über die Autorität verfügt, um selbst den Papst einzusetzen und abzuberufen, ein «starker Mann» also, vor dem die Machthaber und Gewaltigen dieser Zeit nicht bestehen können. Was Kaiser Sigismund über die nach ihm benannte Reformatio träumt, erschaut drei Jahrzehnte danach einer aus dem Volk, Hans Böhm, Hirt im fränkischen Taubergrund, genannt der Pfeifer (oder Pauker) von Niklashausen.

«Zum ersten untersteht er sich, ohne Unterlaß vor dem Volk zu predigen und zu sagen, so wie im folgenden geschrieben steht: Wie ihm die Jungfrau Maria, die Mutter Gottes, erschienen sein soll und ihm offenbart habe den Zorn Gottes wider das Menschengeschlecht und insbesondere wider die Priesterschaft. Daß Gott daher habe stra-

Reformacion ſo der allerdurchleuch

tigiſt/großmechtigiſt furſt vñ herr/herr Sigmund weylant
Römiſcher Keiſer zu allen zeiten mehrer des Reichs etc. In dē
nehſten Concilio zu Coſtentz/die Chriſtenlich kirche in beſtei
ge ordnung zubringen furgenommen hette.

*Titelseite der «Reformation des Kaisers Sigmund». Ausgabe von 1521.
Holzschnitt*

Predigender Bauer. Holzschnitt vom Anfang des 16. Jahrhunderts

fen wollen und Wein und Korn auf den Kreuztag hätten sollen erfroren sein, das aber habe er abgewandt durch sein Gebet. Wie im Taubertal ebenso große, vollkommene Gnade sein soll und noch mehr als zu Rom oder sonstwo. Welcher Mensch ins Taubertal kommt, der erlange alle vollkommene Gnade, und wenn er sterbe, so fahre er vom Mund (aus dem die Seele entfleucht) auf zum Himmel.»
Aber nicht nur dies berichtet einer der Informanten, den die kirchliche Obrigkeit nach Niklashausen geschickt hat. Der «heilige Jüngling», der zur Fastenzeit des Jahres 1476 als ungelernter Laie zu predigen begann und dem die Bauern von nah und fern zu Tausenden zuströmten, bis ihn der Würzburger Bischof gefangennehmen

ließ und mundtot machte, erregte nicht allein um des Predigens willen Ärgernis. Die revolutionäre Note erweckte tiefes Erschrecken, denn in dem Bericht über diese Predigt heißt es weiter: «Wie der Kaiser ein Bösewicht sei, und mit dem Papst ist es nichts. Der Kaiser verleihe dem Fürsten, Grafen und Ritter und Knecht, geistlichen und weltlichen Zoll und Steuer über das gemeine Volk, ach weh, ihr armen Dummköpfe! Die Geistlichen haben viele Pfründen, das soll nicht sein. Sie sollen nicht mehr haben als von Mal zu Mal. Sie werden erschlagen, und in Kürze werde es dazu kommen, daß der Priester sein kahles Haupt mit der Hand bedecken möchte, damit man ihn nicht erkennt. Wie der Fisch im Wasser und das Wild auf dem Feld Gemeineigentum sein soll ... Es kommt noch dazu, daß die Fürsten und Herren um einen Taglohn arbeiten müssen ... Er wolle noch eher die Juden [die kein sonderliches Ansehen hatten] bessern als die Geistlichen und Schriftgelehrten ... Die Priester sagen, ich sei ein Ketzer, und wollen mich verbrennen. Wüßten sie, was ein Ketzer ist, sie erkennten, daß sie Ketzer sind und ich keiner. Verbrennen sie mich aber – weh ihnen! Sie werden wohl merken, was sie getan haben, und der Schaden wird an ihnen abgehen!»[3]

Im Jahre 1476 genügten solche Sätze, als gefährlicher Ketzer und Volksaufwiegler durch Verbrennung gerichtet zu werden. Im Juli ereilte Hans Böhm dies Schicksal, das er geahnt hatte. Und die Prophetie seiner Worte, die die geistlichen und weltlichen Herren betraf? – Weniger als ein halbes Jahrhundert später wütete der Bauernkrieg in den deutschen Gauen. Die Ungeduld der Bauern, der Lohnknechte und der noch Ärmeren war nicht länger zu zügeln. Böhms Flammentod wurde zum Fanal für die unzähligen, meist unbekannt gebliebenen kleinen und großen Bauernführer samt ihren Genossen, die sich endlich mit Gewalt das Recht verschaffen wollten, das ihnen und ihren Vorfahren durch Bitten und durch Fronen nicht zuteil geworden war. Und als die verschiedenen Bauernbünde im süddeutschen Raum, in der Schweiz und in Österreich, im Südschwarzwald, am Oberrhein, in Franken und in Mitteldeutschland ihre Fahnen entrollten, hatte sich längst einer mit ihnen solidarisiert, der zwar nicht ihrem Stand angehörte, aber für ihr Recht eiferte und für den die Gerechtigkeit Gottes eine Sache war, bei der es um Sein oder Nichtsein ging, eine Sache, die man nicht nur mit religiös Begabten erörtern oder vor einer beschaulichen Gemeinde im umfriedeten Kirchenraum predigen konnte, sondern die man den Betroffenen – Bauern wie Herren – Auge in Auge sagen mußte. Thomas Müntzer war dieser Mann, ein Umstrittener und Angefochtener, jedenfalls kein Leisetreter. Und da er scheiterte und zu seinen Lebzeiten keinen ebenbürtigen Anwalt seiner Sache fand, dafür aber prominente, nicht weniger eifrige Gegner und Verleumder, fiel von Anfang an ein tiefer Schatten auf sein Leben und Wirken.

Ablaßhandel. Holzschnitt, 1522

Der prominenteste Widerpart, einer der ganz wenigen, die Müntzers Elan geistig und religiös gewachsen waren, wurde Martin Luther. Der Erfurter, später Wittenberger Augustiner hatte der mächtigen römischen Kurie den offenen Kampf anzusagen gewagt, als er die florierende, kirchlich geförderte Himmelslotterie des Ablaßgeschäftes demaskierte (1517), als er verschiedene Glaubensverhöre und theologische Disputationen (1518/19) durchstand, in denen er sich gegen die Unfehlbarkeit von Päpsten und Konzilen wandte, die päpstliche Bannandrohungsbulle (1520) öffentlich verbrannte, in Worms (1521) vor Kaiser und Reich sich auf die Schrift und sein

Gewissen berief und dadurch die alten Autoritäten durch neue ersetzte. Hätte der Feuergeist dieses Mönchs den Eiferer für die gerechte Sache der Bauern nicht begeistern müssen? Es geschah. Müntzer ergriff zunächst Luthers Partei. Und doch zeigte der rasche Verlauf des Reformationsgeschehens, daß der Wittenberger lediglich eine theologisch-kirchliche Reform, keinesfalls aber eine religiös motivierte Revolution wollte, die auch die materiellen Voraussetzungen der gesellschaftlich Deklassierten änderte. So konnte Luther die in ihn gesetzten Hoffnungen und Sympathien der Bauern ebensowenig erfüllen wie die der Ritter (Franz von Sickingen, Ulrich von Hutten) oder der Humanisten (Erasmus von Rotterdam). Mit großem Mißtrauen blickte der Reformator auf die entschiedenen und eilfertigen Verfechter seiner Lehre, die von der Predigt flugs zur Aktion schritten und die gewohnte Kindertaufe durch die in Verbindung mit ernsthafter Christusnachfolge geübte Glaubenstaufe der Erwachsenen ersetzten. Aufrührern, Empörern wider die Obrigkeit und Bilderstürmern ge-

Luthers Verhör in Worms. Holzschnitt. Augsburg, 1521

genüber konnte Luther nur mit dem Ausdruck des Abscheus und des Hasses reagieren.

So war der Reformation binnen kurzer Zeit vor und nach dem Jahr 1525 ein «linker Flügel» erwachsen. Er setzte sich aus Täufern und Spiritualisten, aus Sozialrevolutionären wie Müntzer und sogenannten Schwärmern zusammen, zu denen Luther selbst die oberdeutschen und schweizerischen Reformatoren wie Huldrych Zwingli oder Johannes Oekolampadius rechnete. Besonnene Historiker, die Luthers Bewertung dieser Gruppen mit kritischer Distanz beurteilen, erblicken in ihnen Anzeichen von «Mangelerscheinungen der sich damals unter Luthers Einfluß konstituierenden evangelischen Christenheit»[4]. Es ist aber auch nicht so, daß heute Thomas Müntzer allein von seinen sozialistischen Schülern gegen manche allzu orthodox-lutherischen Verleumder in Schutz genommen wird. Seine Parteigänger finden sich an allen Fronten.

«ICH, THOMAS MÜNTZER...»

Thomas Müntzers Aktivität, durch die er berühmt und berüchtigt geworden ist, scheint auf ein halbes Jahrzehnt zusammengedrängt. Es sind die Jahre von 1520 bis Ende Mai 1525, die zugleich zu den bewegtesten des Reformationsdramas gehören. In diesen fünf Jahren fallen wichtige Entscheidungen: für Martin Luther und die Reformation, für die Bauern in ihrem Ringen um elementare Menschenrechte, für Thomas Müntzer und die gesellschaftliche Revolution in Mitteldeutschland. Ins Licht der Geschichte tritt die Gestalt eines dreißig- bis fünfunddreißigjährigen Theologen und Predigers, den die Leidenschaft der reformatorischen Lehre ergriffen hat, über dessen Herkunft, Jugendentwicklung und erste Mannesjahre wir nur wenig wissen. Ein Biograph Müntzers muß sich daher mit einem Minimum an zuverlässigen Daten zufrieden geben.

1490 gilt als Müntzers Geburtsjahr, ist jedoch nicht exakt feststellbar. In Stolberg am Harz wird er als Sohn eines nicht ganz unvermögenden Handwerksmeisters geboren. *Ich, Thomas Müntzer, bürtig von Stolberg*[5], beginnt er selbstbewußt sein *Prager Manifest* im November 1521. In seiner *Protestation* von 1524 heißt es: *Ich, Thomas Müntzer von Stolberg aus dem Harze, ein Knecht des lebendigen Gottessohns durch den unwandelbaren Willen und unverrückliche Barmherzigkeit Gottes ...*[6]

Die weiteren Stationen seines Lebensganges sind rasch aufgezählt. In Quedlinburg wächst der Junge heran. In Leipzig und Frankfurt an der Oder studiert er und erwirbt den Magistergrad. Es sind die Jahre zwischen 1506 und 1512. Das Wissen, das er sich angeeignet

Thomas Müntzers Geburtshaus in Stolberg

hat, übersteigt die Qualifikation eines Priesters bei weitem. Eine umfassende humanistische Bildung steht ihm zu Gebote. Neben der selbstverständlichen Kirchen- und Gelehrtensprache, dem Latein, beherrscht er das Griechische und das Hebräische. Die erste brauchbare hebräische Grammatik («De rudimentis hebraicis libri tres») hatte Johannes Reuchlin 1506, und die erste kritische Ausgabe des griechischen Neuen Testaments hatte Erasmus von Rotterdam zehn Jahre danach herausgebracht. Der literarisch gebildete Müntzer liest die antiken Schriftsteller, von Platons «Staat» bis Apuleius' «Metamorphosen». Er nennt eine für die damalige Zeit umfangreiche Bibliothek sein eigen. Neben einem intensiven Studium der Bibel, dessen Ertrag sich auf jeder Seite seiner mit Zitaten und Anspielungen angereicherten Schriften findet, steht das Studium der frühchristlichen Kirchenväter. Nachhaltigen Einfluß übt die mittelalterliche deutsche Mystik auf den späteren revolutionären Prediger und Flugschriftenautor aus. Durch Luther läßt sich Müntzer auf Johannes Tauler aufmerksam machen. Taulers Predigten begleiten ihn auf seinen zahlreichen Wanderschaften. Laufend informiert er sich über literarische Neuerscheinungen. «Buchführer», reisende Buchhändler wie Hans Hut, gehören daher auch zu seinen Briefpartnern.

Was die äußeren Ereignisse von Müntzers kurzem Leben anlangt, gestand er angeblich während der Gefangenschaft nach der Schlacht von Frankenhausen im Mai 1525, er sei in seiner Jugend zu Aschersleben und Halle an einem «Verbündnis» gegen Erzbischof Ernst von Magdeburg-Halberstadt beteiligt gewesen.[7] Da der Kirchenfürst bereits 1513 starb, wäre der – nicht sicher belegbare Vorgang – entsprechend früh anzusetzen. In Dresden wird eine Pergamenturkunde aufbewahrt, in der der Rat der Altstadt von Braunschweig «Thomam Munther Halber(stadensis)» für eine Altarpfründe in der Sankt Michaelskirche von Braunschweig vorschlägt. Das Dokument, das sich in Müntzers Briefsack gefunden haben kann, trägt das Datum vom 6. Mai 1514.

1516 hält sich Müntzer in Frose bei Aschersleben auf, wo er auch Unterricht erteilt. Halberstädter Bürgersöhne gehören zu seinen Schülern. In einem Brief an ihn vom 25. Juli 1517[8] wird er als «Thomas Monetarius» angesprochen und als «magister ac prepositus» (Propst) tituliert. In der Fastenzeit 1519 vertritt er Franz Günther, den Prediger an der Nikolaikirche von Jüterbog. Ferner bietet man ihm eine Kaplansstelle in der Nähe von Wittenberg an. Bis April 1520 aber ist Müntzer nach seinen eigenen Worten «confessor virginum», das heißt Beichtvater im Nonnenkloster Beuditz östlich von Naumburg. Mitte 1519 hält er sich in Leipzig auf. Hier ist er sehr wahrscheinlich mit Luther zusammengetroffen. Auf der Pleißenburg zu Leipzig findet vom 27. Juni bis 16. Juli die wichtige

Disputation zwischen Luther und dem Ingolstädter Theologen Johannes Eck statt. Mitdisputant ist Andreas Bodenstein aus Karlstadt am Main, daher Karlstadt genannt. Auch mit ihm sollte Müntzer in Verbindung treten. Wichtig für den Fortgang der Reformation ist die Leipziger Disputation, weil Luther nach den vorausgegangenen Glaubensverhören zum erstenmal mit unmißverständlicher Schärfe die Unfehlbarkeit der Konzilien und der Päpste bestreitet und damit die Lehrgrundlagen der römischen Kirche in Frage stellt. «Sola scriptura – allein die Schrift» lautet von nun an das Formalprinzip der jungen Glaubensbewegung. Die alten Autoritäten, die «Lehren der Kirche», sind durch eine neue ersetzt. Indem Müntzer den Wittenbergern zustimmt, bejaht er auch ihre Orientierung an der Bibel. Bald sollte sich zeigen, vor welchem Mißverständnis Müntzer das reformatorische Formalprinzip der Schrift geschützt wissen möchte.

Luther akzeptiert den jungen Parteigänger und vermittelt ihm eine Pfarrstelle, auf der er für die gemeinsame Sache, die Erneuerung des Evangeliums, wirken kann. Es ist die St. Marienkirche in Zwickau, wo Müntzer im Mai 1520 Johannes Wildenauer aus Eger, genannt Egranus, einige Monate lang zu vertreten hat. In Zwickau betrit der Dreißigjährige das Feld, auf dem ihm seine eigentliche Lebensaufgabe bewußt wird.

Die Stadt am Nordfuß des Erzgebirges ist damals der Kreuzungspunkt wichtiger Handelsstraßen, die einerseits West und Ost, andererseits Böhmen und die aufstrebende Messestadt Leipzig verbinden.

Quedlinburg. Kupferstich von Matthäus Merian d. Ä.

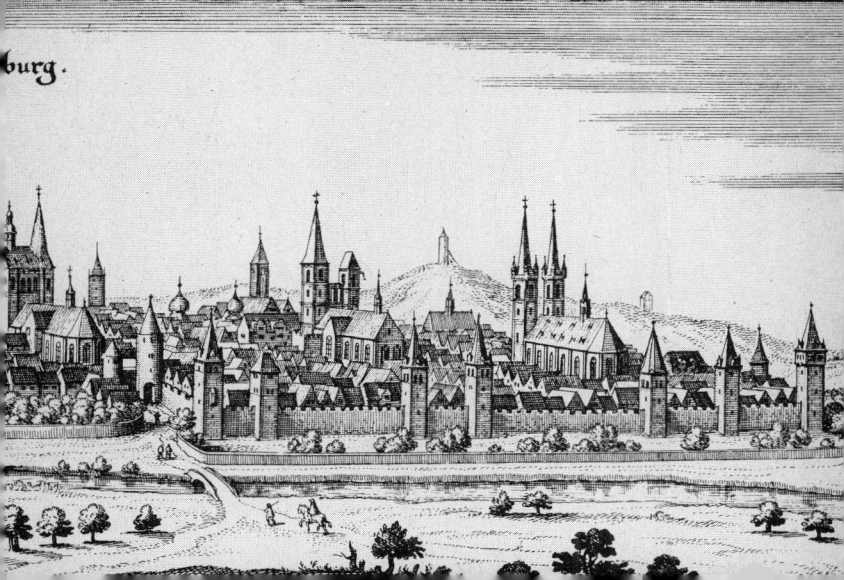

Der Kornhandel und das Bierbrauereiwesen («Zwickisches Bier») sind dort heimisch. «Besonders aber blühte schon seit alters her in Zwickau die Tuchweberei. Die Tuchmacher, die bereits im Jahre 1348 Statuten festgesetzt hatten, waren die vornehmste Innung, und ihre Zahl soll in den besten Jahren (im 15. Jahrhundert) bis auf 600 gestiegen sein...»[9] Den Wohlstand Zwickaus begründeten nicht zuletzt die Schneeberger Silbergruben. Eine verhältnismäßig dünne Oberschicht von Patriziern, die durch Handel und Bergbau reich gewordenen «Fundgrübner», mehrten das Ansehen der Stadt. Sie statteten die Kirchen mit Stiftungen und fetten Pfründen aus. Sachsens reichster Mann war ein Zwickauer Bürger; Zwickaus reichste Pfarrei, die Marienkirche, war mit 23 Altären bestückt, für die 27 Meßpfaffen zur Verfügung standen. Groß waren die sozialen

Szene aus dem Schauspiel «Martin Luther & Thomas Münzer oder Die Einführung der Buchhaltung» von Dieter Forte. Heinz Trixner (links) als Münzer, Peter Striebeck als Luther. Aufführung im Thalia-Theater, Hamburg

Gegensätze und Spannungen. Kein Wunder, daß die verarmten Webermeister und die in totaler wirtschaftlicher Abhängigkeit lebenden Tuchknappen an der fortschreitenden Verweltlichung und Profitgier der Pfaffen und Mönche Anstoß nahmen. Kein Wunder, daß sie innerlich und äußerlich jenen Gruppierungen zuneigten, die nicht nur Gleichheit, Gemeinbesitz aller und Brüderlichkeit forderten, sondern auch zu verwirklichen suchten. Waldensisches und taboritisches Gedankengut, das «Winkelprediger» und Sendboten eines freien Geistes lehrten, fand bei den Zusammenkünften der kleinen Leute Gehör – auch die Kunde, die von Wittenberg her nach Zwickau getragen wurde. Hermann Mühlpfort, dem Bürgermeister, widmete Luther eine seiner reformatorischen Grundschriften von 1520: «Von der Freiheit eines Christenmenschen». Und Egranus, seit 1517 Pfarrer

an der Marienkirche, ein feinsinniger, humanistisch gebildeter Theologe, war früh auf Luthers Seite getreten. Die Franziskaner wiesen sich indessen als Hüter des alten Glaubens aus. So kamen zu den gesellschaftlichen Spannungen religiöse.

Dies ist in Grundzügen die Situation, die der neue Prediger von St. Marien vorfindet. Er muß die Lage rasch erkannt haben, denn schon seine Antrittspredigt am 13. oder 17. Mai verrät ein Programm: Abrechnung mit den Heuchlern, mit den Profitgierigen, mit der Zudringlichkeit der altgläubigen Mönche, die – Pater Tiburtius von Weißenfels an der Spitze – von Menschengeboten mehr halten als von evangelischer Armut, vom Vollzug der herkömmlichen Zeremonien mehr als von der gelebten Christusnachfolge. Von Kanzel zu Kanzel tobt ein Streit. Der Magistrat, der zunächst den neuen Prediger stützt, hält im Herbst des gleichen Jahres eine Versetzung Müntzers an die Katharinenkirche für angebracht. Dies entspricht durchaus der Aufgabe, die Müntzer in Angriff genommen hat. Denn die Katharinenkirche hat nicht nur weniger Altäre, nicht nur weniger Meßpriester; unter ihrer Kanzel versammeln sich vor allem diejenigen, deren Partei Müntzer zu ergreifen sich gedrungen fühlt: die Tuchknappen und die kleinen Handwerksleute, während sich *die großen Hansen*, wie Müntzer sie bald nennt, nach des Egranus Rückkehr vor allem in St. Marien versammeln.

Aber was hat der Prediger von St. Katharinen zu verkünden? Müntzer kennt die wirtschaftliche Not und die gesellschaftliche Deklassierung seiner Gemeindeglieder und ruft aus: *Keiner mag sagen, daß er ein Christ sei, so er durch sein Kreuz nicht vorhin*

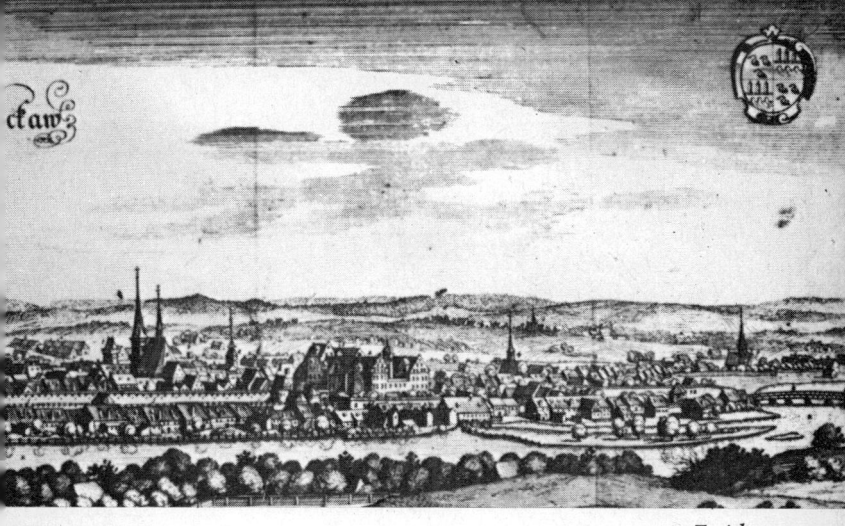

Zwickau

empfindlich wird, Gottes Wort und Werk zu erwarten... Es kostet viel Mühe, Gottes Werk zu erdulden![10] Das Thema, das in diesen Sätzen anklingt, ist die Predigt vom *bitteren Christus*, der alles andere ist als ein sanftes Jesulein, das, wie Ernst Bloch einmal sagt, «nicht beißt», von dem aber so mancher modern sich dünkender *Bruder Sanftleben* schwärmt. Dietrich Bonhoeffer, Rebell gegen Hitler im Namen dieses bitteren Christus, nannte die letztlich auf Luthers theologia crucis sich stützende Verkündigung eine Absage an die «billige Gnade». Müntzer weiß, was er wenige Monate später im *Prager Manifest* so ausdrückt: *Gott redet alleine in die Leidlichkeit der Kreaturen, welche die Herzen der Ungläubigen nicht haben... Der Ungläubige will durch keinen Weg mit seinem Leiden Christi gleichförmig werden (Röm. 8, 29), er wills nur mit honigsüßen Gedanken ausrichten.*[11] Oder in der Auslegung des Buches Daniel: *Wann ein Mensch will seiner Wollust stetiglich pflegen* – Müntzer sieht vor sich die allzu erfolgreichen «Fundgrübner» und die feisten Pfründenbesitzer unter seinen Kollegen – *mit Gottes Werk zu schaffen haben und in keinem Betrübnis sein, so kann ihn auch die Kraft des Wortes Gottes nicht umschatten, Lukas 9, 34 f. Gott der Allmächtige weiset die rechten Gesichte und Träume seinen geliebten Freunden am allermeisten in ihrem höchsten Betrübnis.*[12] Diese Texte nehmen schon Inhaltliches der späteren Schriften vorweg; auch zeigen sie an, an welchem Punkt der zunächst noch in lutherischem Geist wirkende Prediger das lutherische Formalprinzip «allein die Schrift» kritisieren wird. «Nun war die spärliche Rede um, er hatte offenen Strom erreicht, gegen ihn, mit ihm zu schwimmen.»[13]

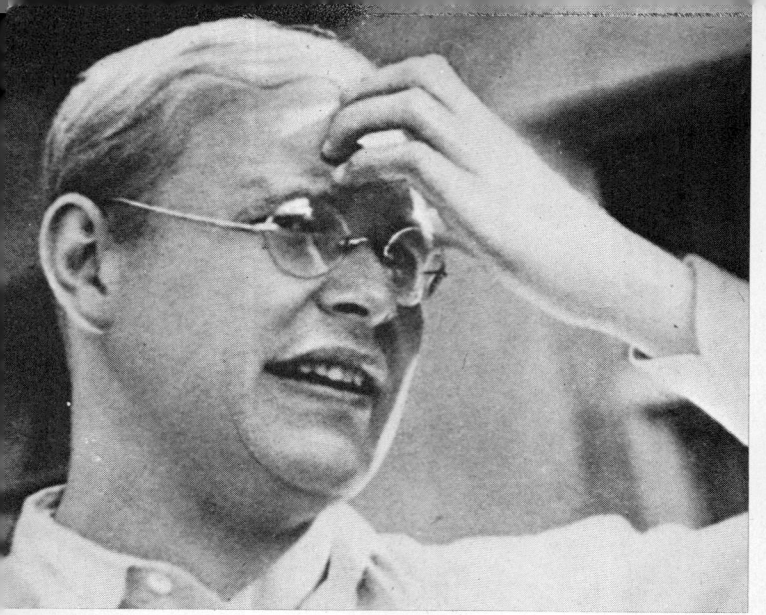

Dietrich Bonhoeffer

«Gleichzeitig (d. h. seit Mitte 1520) traten die Widersprüche zwischen der bürgerlichen Reformation Luthers und den anderen Richtungen, die sich ihr angeschlossen hatten, deutlicher zutage. Für die Volksopposition wurde die Abkehr von Luther unvermeidlich.»[14] M. M. Smirin meint, daß das, was die marxistische Geschichtsdeutung die «Volksreformation Müntzers» (im Gegensatz zu der bürgerlichen bzw. «Fürstenreformation Luthers») bezeichnet, schon 1520/21 als Idee greifbar sei.[15] Auffällig ist zudem, daß der altgläubige Luther-Gegner Tiburtius und der Luther-freundliche Egranus bisweilen mit ähnlichen theologischen Argumenten gegen Müntzer vorgehen.

Der Kampf der Parteien beginnt zunächst innerhalb der Stadt, wobei der Magistrat dem Prediger von St. Katharinen jede mögliche Unterstützung zuteil werden läßt, auch als Müntzers Gegner Anfang 1521 das zuständige bischöfliche Gericht in Zeitz anrufen. Wenn sowohl Müntzer als auch seine Widersacher es an der notwendigen Sachlichkeit und Besonnenheit fehlen lassen, so ist andererseits die im Theologischen begründete Meinungsdifferenz nicht zu leugnen. Während Müntzer und sein Anhang sich auf die Gegenwart des Geistes berufen, der sich auf vielfältige Weise manifestiere, meint Egranus, die Kirche bedürfe dessen nicht, ja sie habe seit den Tagen der Apostel diesen Geist nicht mehr nötig, weil er inzwischen Institution und begreifbarer Buchstabe geworden sei. Tiburtius verachtet seinerseits jegliche «experimentia fidei in mundo», eine innerweltliche Glaubenserfahrung, die sich dem Menschen mitteilt. In einer seiner Thesen gegen Müntzer heißt es daher: «Die ewige Seligkeit kann nicht das Reich des in uns wohnenden Glaubens genannt werden, weil sie selbst erst im zukünftigen Vaterland sein wird. Hier sind wir unserer Seligkeit nicht sicher.»[16] Diese Position teilt Müntzer in seinem Brief an Luther vom 13. Juli 1521 mit. Für ihn ist eben dieser immer wieder angefochtene und zu bewährende Glaube eine Erfahrungstatsache, die allerdings nicht im Stadium mystisch-kontemplativer Beschaulichkeit gehalten werden dürfe – Müntzer ist ja durch Luther auf die Mystik Taulers neu verwiesen worden! –, sondern zur Triebkraft christlicher Aktivität werden müsse. Die Gegensätze innerhalb Zwickaus erweisen sich als unüberbrückbar. Am wenigsten ist Müntzer zu Kompromissen bereit. Und von Wittenberg her rät man ihm Mäßigung. Dies geschieht wohl nicht nur, weil Luthers Reformation mit dem Wormser Edikt von 1521 und mit der notwendig gewordenen «Schutzhaft» auf der Feste Wartburg in ein Stadium eingetreten ist, wobei der Reformator die Entstehung einer zweiten Front, nämlich innerhalb der Reformation, am liebsten vermieden hätte. Der Ruf der Wittenberger zur Mäßigung ist zweifellos durch die auch hier sich abzeichnende Polarisierung zwischen Müntzer und Luther in zunehmendem Maße bedingt.

Die entscheidende Begegnung im Leben Müntzers – wenn man vor allem an die Jahre ab 1520 denkt – war nicht etwa die mit Martin Luther, dessen reformatorischer Aufbruch den selbst in lebenslangem Aufbruch Begriffenen einst imponiert hatte. Viel wichtiger wurde für den Prediger an der Zwickauer Katharinenkirche der Umgang mit den kleinen Handwerkern, den Bergknappen aus den Erzgruben bei Zwickau und den Lohngesellen aus der heimischen Textilmanufaktur – darunter der verarmte Tuchweber Nikolaus Storch. Unter dem Namen «Zwickauer Propheten» ist dieser Kreis von «Schwärmern» in die Annalen der Reformationsgeschichte eingegangen. Was hatten diese schlichten Leute, die nicht sonderlich gebildet waren, dem Magister der freien Künste und dem Bakkalaureus der Theologie zu bieten? Wodurch machten sie auf den hinreißenden Prediger Eindruck?

Es war eine Gewißheit, die religiöse Überzeugung nämlich, daß nicht nur «vor Zeiten» Gott zu den Vätern, den Propheten Israels und zu den urchristlichen Aposteln geredet habe, sondern daß er sich h e u t e   n o c h   und   a u f s   n e u e   kundgebe. Die Offenbarung, sagten die Zwickauer, sei keinesfalls abgeschlossen, sondern setze sich h e u t i g e n t a g e s fort. In Ahnungen, Träumen und Gesichten manifestiere sich der Geist, eben derselbe Geist, der einst geredet hat. Mehr noch: Diese Männer erfuhren nicht nur die Realität dieses

Martin Luther als Junker Jörg.
Gemälde von Lucas Cranach d. Ä. Weimar, Schloßmuseum

göttlichen Geistes, sie glaubten auch an die nahe Herankunft des
«Reiches», das in der geheimen Offenbarung des Johannes bald in
dunklen, bald in grellen Bildern, aber immer in verschlüsselter Form,
geweissagt wird. «Mein Geist kann sich in dies Buch nicht schicken»,
gestand der Wittenberger Reformator, obwohl er selbst von dem
Geist der viva vox Evangelii, der lebendigen Stimme des Evangeliums, angerührt war. Und nur die «Rottengeister» hätten sich dieses
Buches angenommen, meinte Luther. Hier in Zwickau hausten solche

«Rottengeister», wie Luther den Kreis um Müntzer von nun an nannte. Es waren Nachfahren spätmittelalterlicher Enthusiasten. In ihnen wirkte die Begeisterung der hussitischen Taboriten nach. Ob die Zwickauer von den Thesen Wyclifs oder gar von der Schau Joachims von Fiore gehört haben, ist von zweitrangiger Bedeutung. Um so wichtiger ist die Tatsache, daß es offenbar derselbe Enthusiasmus gewesen ist, der sie über Zeit und Raum hinweg mit ihren historischen Vorbildern verbunden hat.

Allzu rasch war der geistesverwandte Müntzer entflammt. Mit Recht wird gesagt, daß in Zwickau aus dem gelehrten Magister ein «Verächter von Kunst und Wissenschaft»[17] geworden sei. Man wird aber auch sagen müssen: hier tauschte er das Buchwissen gegen eine Geistesgewißheit ein. Dies war das Besondere, das der Hochgebildete von den Ungebildeten zu lernen hatte. Nun ist aber der Enthusiasmus der Zwickauer Propheten nicht etwa mit optimistischer Hochgestimmtheit zu verwechseln. Ein euphorisches Glücksgefühl ließ schon die wirtschaftliche Abhängigkeit und Bedrängnis der Weber und Berggesellen nicht aufkommen. Der tiefe Ernst, der sie beseelte, erwuchs ihnen durch bedingungslose Nachfolge Christi. Ihnen war dieser Weg als ein Weg des Kreuzes vorgezeichnet. Deshalb ihre Skepsis gegenüber einer oberflächlich verstandenen Rechtfertigung des Sünders, deshalb auch ihre Ablehnung einer «billigen Gnade».

«Luther gaben diese Leute zwar in den meisten Stücken recht, doch vermeinten sie, daß noch ein anderer Mann, von höherem Geiste als er, notwendig sei», resümiert Paul Wappler, der mit seiner Studie über die Zwickauer Verhältnisse der Müntzer-Forschung einen großen Dienst geleistet hat.[18] Wer, wie mancher Wittenberger, den Geist dämpfte, konnte daher nicht Wegweiser zu einer Geistkirche sein, schon gar nicht zu einer von der revolutionären Art, wie sie sich in den Zwickauer Konventikel der Handwerker zu formieren begann. Dies geschah nicht primär in organisierter Form, sondern eher in der Abfolge eines spirituellen Prozesses, der sich der Seele vieler bemächtigte. In einem Brief von Johannes Agricola, der wie Luther zur Mäßigung geraten hatte, werden einige Phasen dieses seelischen Wandlungsprozesses mitgeteilt.[19] Die «Entgröbung» und das «den Kreaturen entrissen sein» gehört ebenso zu den Entwicklungsphasen wie das Eintreten des Menschen in die «Langeweile». Unter diesem mystischen Terminus wird gerade das Gegenteil des in die «Kurzweil» der weltlichen Geschäfte verstrickten Menschen verstanden. Wundersame Nacht- und auch Tagträume, visionäre Erlebnisse stellten sich bei den Begeisterten ein. Auch blieb die «Zwickauer Prophetie» nicht nur Sache der Männer. Ähnlich wie in den Tagen des phrygischen Propheten Montanus traten in Zwickau Frauen weissagend und Zeichen deutend in den Versammlungen auf. In den Herzen leuchtete das «innere Licht». Andere vernahmen die

Stimme eines «inneren Wortes». Das äußere Predigtamt und der kirchenamtliche Sakramentsvollzug erhielt dadurch eine neue Prüfungsinstanz. Die Taufe unmündiger Kinder war fragwürdig geworden. Der zu Taufende konnte nicht länger passives Objekt für ein selbstwirkendes Werk (opus operatum) sein.

Noch bevor diese Entwicklung unter den Zwickauer Propheten, die der Prediger von St. Katharinen ermutigte, weitere Fortschritte machte, waren die Tage von Müntzers Aufenthalt in der Stadt bereits gezählt. In Begleitung eines Gefährten verließ der längst an das bewegte Wanderleben Gewöhnte Zwickau. Der Magistrat beurlaubte ihn im April 1521, als er ein Jahr in der Stadt tätig gewesen war. Nun ging er zuerst nach Saaz, von dort nach Prag. Aber auch hier kann er sich nicht lange aufgehalten haben, denn wir hören von einer dreimaligen Reise in die Kaiserstadt an der Moldau im Laufe dieses einen Jahres. Offenbar suchte er Anschluß an taboritische Kreise, ohne aber die erhoffte Resonanz zu finden. Und eben auf diesem Weg entfernte sich Müntzer immer mehr von Luther. Müntzers Schicksal nahm jetzt endgültig die Wendung von der Reformation der Kirche zur Revolutionierung der ganzen Christenheit. Während des einjährigen Aufenthalts in Zwickau war der Würfel für die weiteren Ereignisse gefallen.

DAS PRAGER MANIFEST

Hatte Müntzer während des kurzen Zwickauer Aufenthalts das Thema seiner künftigen Tätigkeit gefunden, so enthüllte sich ihm in Prag immer mehr das Ziel dieser Arbeit, deren Beginn ihm die Oberen in Kirchenleitung und Magistrat vereitelt hatten. Das *Prager Manifest* stellt den ersten wichtigen literarischen Niederschlag dieses Planes dar. Auch wenn von einer nachweislichen Wirkung dieser Schrift nicht viel gesagt werden kann, gibt gerade das *Prager Manifest* einen aufschlußreichen Einblick in das Denken des beginnenden religiösen Revolutionärs.

Müntzer muß sich von seinem Manifest viel versprochen haben. Er ließ es nicht nur in zwei deutschen Fassungen, einer kürzeren und einer längeren [20], hinausgehen, sondern sorgte auch für eine Übersetzung ins Tschechische. Daß er eine lateinische Version abfaßte, um sich an die Gebildeten zu wenden, versteht sich. Er mag an Luthers programmatische 95 Thesen wider den Ablaßhandel gedacht haben, die einige Jahre zuvor trotz des ursprünglich nur lateinischen Textes rasch in ganz Deutschland Verbreitung gefunden hatten. Müntzers Ausweichen nach Böhmen und nach Prag ergab sich für ihn nicht nur infolge der geographischen Nähe zu Zwickau, sondern vor allem in

*Die sieben Zornesschalen in der «Geheimen Offenbarung Johannis».
Holzschnitt aus Luthers «Septemberbibel»*

Prag. Holzschnitt, 16. Jahrhundert (Ausschnitt)

Erinnerung an die reformatorische und revolutionäre Vergangenheit dieses Landes. An der Prager Bethlehemskirche predigte ein Jahrhundert zuvor Jan Hus, an der ehrwürdigen Universität hatte der nationalbewußte Tscheche einen theologischen Lehrstuhl. Gleich eingangs beschwört Müntzer die große Vergangenheit *der Stadt des teuren und heiligen Kämpfers Johannes Hus.* Hier vernimmt der Schreiber des Manifests die *schmetternden (lutbaren) und anfeuernden (beweglichen) Trompeten.* Sie *erfüllen mit dem neuen Lobgesange des Heiligen Geistes* Stadt und Land. Müntzers ganze Schrift – sie trägt den Titel *Der Behmen* (Böhmen) *betreffende Protestation* – ist zunächst auf den Ton der Klage und der Anklage gestimmt. Sie mündet schließlich ein in den Appell zur revolutionären Aktion.

Mit ganzem Herzen bezeuge ich und klage ich jämmerlich der ganzen Kirche der Auserwählten, auch der ganzen Welt, da diese Briefe mögen hinkommen. Und der Ankläger weist sich aus: *Christus und alle Auserwählten, die mich von Jugend auf erkannt haben, bekräf-*

tigen ein solches Antragen. Ich sage auf mein allerhöchstes Pfand (d. h. auf Ehr und Gewissen), daß ich meinen allermerklichsten und höchsten Fleiß aufgewandt habe, daß ich möchte vor andern Menschen höchlicher erkennen, wie der heilige unüberwindliche Christenglaube gegründet wäre. Kühn bin ich, in der Wahrheit zu sagen, daß kein pechgesalbter Pfaffe, kein gar geistscheinender (scheinheiliger) Mönch hat den Grund des Glaubens im allergeringsten Stiplein (Pünktchen) könne sagen. Auch habens viele Menschen mit mir beklagt...[21]

Worin besteht nun die Ursache zu Klage und Anklage? Wer sind die Angeklagten? Es ist die Geistlichkeit in ihrer Gesamtheit. Es sind *die Gleißner, die das wahrhaftige Wort verworfen;* es sind *die wuchersüchtigen zinseinfordernden Pfaffen* – Müntzer denkt an die genüßlichen Pfründebesitzer – *welche die toten Wörter der Schrift verschlingen;* es sind *beelzebubische Knechte, Bösewichter,* nämlich *des Teufels Pfaffen,* an ihrer Spitze *der neronische, heilige, verknöcherte Papst und Nachttopf zu Rom.* Müntzer kennt die Zunft, aus der er selbst kommt, zu gut, statt ein Blatt vor den Mund zu nehmen. Andererseits schätzt er die Lage nüchtern ein. Denn das Leben und Handeln der angeprangerten Geistlichkeit wird an dem Zustand der *erbärmlichen Christenheit* deutlich, zu deren Anwalt und Fürsprecher er sich macht. Das gemeine Kirchenvolk, das ihm als eine Herde ohne rechten Hirten erscheint, ist daher der Hauptgrund von Müntzers Klage. Diejenigen, die den geistig-geistlich Unmündigen Führer sein sollten, sind ihre Verführer geworden, und statt geistlicher Nahrung, statt Geleit und Orientierung ließen sie die Anvertrauten im dunkeln tappen. *Die Kinder haben gebeten ums Brot. Es ist niemand dagewesen, ders ihn hätte gebrochen. Es sind der geltungsdurstigen Buben viele dagewesen, die dem armen, armen, armen Völklein... Texte der Bibel vorgeworfen haben, wie man den Hunden das Brot pfleget vorzuwerfen.*[22] Und nochmals: *Ach Zeter, Zeter, weh, weh, weh über die höllischen und dämonenbesessenen Pfaffen, die das Volk offenbarlich verführen!*[23]

Müntzer argumentiert kirchengeschichtlich. Schon damals, als er noch Beichtvater bei den Nonnen von Beuditz gewesen ist, hat er sich viel Zeit genommen, um sich in die Schriften der Kirchenväter zu vertiefen. Eusebius' berühmte Kirchengeschichte gehörte dazu und Hegesipp. Konzilsprotokolle haben ihn besonders interessiert, spielten sie doch auch in Luthers theologischen Auseinandersetzungen jener Jahre eine wichtige Rolle. Jetzt wendet Müntzer die Ergebnisse seiner kirchengeschichtlichen Studien auf die Deutung der augenblicklichen Situation der Christenheit an. *Diesen unerträglichen und boshaftigen Schaden der Christenheit hab ich erbarmend zu Herzen genommen,* heißt es in der Kurzfassung des Manifests, *und mit ganzem Fleiß durchlesen der alten Väter Geschichte. Finde, daß nach dem*

Tode der Apostel-Schüler die unbefleckte jungfräuliche Kirche ist durch den geistlichen Ehebruch zur Hure geworden und der Gelehrten halben, die da immer wollen obenan sitzen, welches denn Egesippus und nach ihm Eusebius schreibt im IV. Buch am 22. Kapitel. Auch finde ich in keinem Konzil die wahrhaftige Rechenschaft nach gestrackter lebendiger Ordnung des unbetrüglichen Wortes Gottes. Es sind eitel kindische Possen gewesen.[24] Kappen, Glocken, Bischofssitze seien den Konzilsvätern oft wichtiger gewesen als das Wort. Müntzer spielt hier auf die unter Kaiser Konstantin I. eingeleitete Ära der Kirche an, unter dessen Regentschaft aus der verfolgten eine verfolgende Kirche geworden ist, die sich fortan des «weltlichen Arms» immer dann zu bedienen wußte, wenn es galt, Ketzer zu brandmarken und Mißliebige zu beseitigen. Es ist der durch den *geistlichen Ehebruch* entstandene Klerikalismus und die Geltungssucht der um wachsende Einflußnahme bemühten Priester, was Müntzer geißelt. Und in dem ausführlicheren Text des Manifestes fährt er fort: *Vom lebendigen Wort Gottes ist keinmal, keinmal das Maul aufgetan, auch nicht bedacht worden die Ordnung.*[25]

Das rechte, lebendige Wort Gottes und seine sorgfältige Beachtung ist Müntzers Hauptanliegen. Darin ist er durchaus ein reformatorischer Theologe. Sein beharrliches Insistieren auf dem Wort deckt

«Da ihr Gottes Streiter seid...» Anfang des Hussiten-Chorals aus dem Kantional Jistebuice

Ein grausam Meerwunder/den Bapst
bedeutende/zu Rom gefunden/vnd zu Wittemberg erstlich Anno 23. vñ darnach abermal Anno 46. mit der auslegung Philippi gedruckt.

Mit einer Vorrede Matthie Flacÿ Illyrici.

*Flugblatt gegen den Papst.
Holzschnitt von Christian Rödingen*

sich jedoch keineswegs völlig mit dem Wortverständnis der Reformation. Der Gleichsetzung von Wort und Schrift widerstreitet Müntzer mit Leidenschaft. Das hat schon die Zwickauer Auseinandersetzung mit Egranus gezeigt. Denn während die Reformatoren, dem humanistischen Ruf «ad fontes!» [zu den Quellen] folgend, in erster Linie die Bibel als ein heiliges Buch nahmen und den biblischen Klartext (claritas externa) mit dem Wort Gottes geradezu identifizierten, meinte Müntzer stets das *lebendige,* das heißt das je und je

*Spottlied auf Eck,
Lemp und Papst Leo.
Holzschnitt*

geschehende Wort, das aus der Geschichte des Gottesvolkes ebenso redet wie im Leben eines Menschen. Träume, Visionen, innere Stimmen können Träger des immer neuen und aktuellen Wortes sein. Diese Gewißheit hatten die Zwickauer Propheten dem Humanisten und Bücherfreund Müntzer überzeugend vorgelebt. Vom Buch zum Wort, vom Buch zur aktuellen Anrede Gottes, lautete nun Müntzers Devise. Eben das Unvermögen der *verdammten Pfaffen*, den Geist und die Inspiration der Bibel nicht mehr interpretieren zu können, ist es gerade, was Müntzer den *Bösewichtern* und *Verrätern der Kirche* vorwirft. Sie haben dem gemeinen Volk das Geheimnis des Wortes verschlossen, den *Schlüssel Davids* weggenommen, den Schlüssel zu jenem Wort nämlich, das nicht mit Tinte auf Pergament geschrieben ist, sondern das der Finger Gottes ins Menschenherz schreibt. Müntzer verfolgt keine abstrakte Theorie, sondern, wie er immer wieder sagt, eine konkrete Erfahrung: *Die bösewichtischen, verräterischen Pfaffen der Kirchen ... verleugnen die Stimme des Bräutigams ... Wie können sie denn Gottes Diener sein, Träger des Worts ... Es sollen alle rechten Pfaffen Offenbarungen haben.*[26] Die

falschen Ausleger *wissen auf die heilige Schrift keine Erfahrung, die sie gefühlet haben, in* (ihren) *Erklärungen anzuwenden* [27]. Und da dieser Zustand schon so lange andauert, besteht Grund genug, Abhilfe zu schaffen, *dem armen, armen, armen Völklein* beizustehen. Auf das Volk setzt er seine große Hoffnung: *Am gemeinen Volk zweifel ich nicht,* fügt er ausdrücklich hinzu. In der Mitte dieses Volkes leben *die auserwählten Freunde Gottes ... Gott wird wunderliche Dinge tun mit seinen Auserwählten, sonderlich in diesem Lande,* dessen ist sich Müntzer gewiß. Das ist auch der Anlaß für sein *Prager Manifest.* Hier, im Böhmen eines Jan Hus und der taboritischen Eiferer, wird die neue Kirche angehen! Dies Volk wird ein Spiegel der ganzen Welt sein! *Darum rufe ich einen jeglichen Menschen an, daß er mit dazuhelfe, daß Gottes Wort mag verteidigt werden.*[28]

Aber meint Müntzer wirklich nur V e r t e i d i g u n g des Wortes? Bläst er nicht vielmehr die *schmetternden Trompeten zu einem neuen Lobgesang des heiligen Geistes,* und das heißt: zum Angriff? Ja, *fühlt man denn nicht ein kleines Fünklein, das schier will aufwachen zum Zunderfeuer?* fragt er im Manifest, und seine Antwort

Spottbild auf Pfaffen und Mönche, die, anstatt Christi Herde zu weiden, die Schafe fressen

lautet: *Ja man fühlts und ich fühl es auch.*²⁹ Nicht genug damit: Er beschwört den Geist des altisraelischen Propheten Elia, der Hunderte von Baals-Pfaffen vernichtet hat. Auf diesen Ton also ist Müntzers Trompete gestimmt: Kampf den Gottlosen, Vernichtung der Ungläubigen. Angebrochen ist die apokalyptische Stunde der großen Entscheidung. Mit dieser Überzeugung hatten schon die Taboriten unter der Fahne Žižkas zu den Waffen gegriffen und *Zunderfeuer* gelegt, wohin sie kamen. Auch mußten alle von Müntzer dargelegten Irrtümer der erbarmungswürdigen Kirche geschehen, *auf daß aller Menschen, der Auserwählten und der Verdammten, Werke* also mußten *offenbar werden, zu unserer Zeit, in welcher Gott will absondern den Weizen vom Unkraut ... O ho, wie reif sind die faulen Äpfel! O ho, wie mürbe sind die Auserwählten worden! Die Zeit der Ernte ist da! Drum hat mich Gott selber gemietet in seine Ernte. Ich habe meine Sichel scharf gemacht, denn meine Gedanken sind heftig auf die Wahrheit (gerichtet) und meine Lippen, Haut, Hände, Haare, Seele, Leib, Leben vermaledeien die Ungläubigen. Darum, daß ich das füglich möchte tun, bin ich in euer Land gekommen, meine allerliebsten Böhmen!* [30]

Das ist eine gewiß unverblümte Sprache. Jedenfalls spricht hier kein Zauderer, der es mit vorläufigen, unverbindlichen Phrasen bewenden läßt: *Ich bekräftige und schwöre bei dem lebendigen Gott. Wer da nicht hört aus dem Munde Gottes das rechte lebendige Wort Gottes* (wer nicht zu unterscheiden weiß), *was Bibel und was Babel, ist nichts anderes als ein totes Ding. Aber Gottes Wort durchdringt Herz, Hirn, Haut, Haar, Gebein, Mark, Saft, Macht, Kraft ...*[31] Das alles ist nicht leichthin gesagt. Als einer, der seinen Jeremia kennt, macht er sich auf die Leiden des Jeremia gefaßt: Spott, Verfolgung, Kerker, Drangsal, Tod. Eben deshalb ist er bereit, *um Gottes Wort willen mein Leben zu opfern.* Um des Werkes willen, für das er sich nun in aller Öffentlichkeit entschieden hat, rechnet er auch vor aller Welt ab: *Kann ich solche Kunst nicht, der ich mich höchlich rühme, so will ich sein ein Kind des zeitlichen und des ewigen Tods. Ich habe kein höheres Pfand.*[32]

Die Resonanz, die Müntzer tatsächlich erhielt, kann nicht im entferntesten diesem hohen Einsatz entsprochen haben. Offenbar konnten die ersten Leser und Hörer des *Prager Manifests* nicht allzuviel mit seinem Inhalt anfangen. Oder mißtrauten sie der gewichtigen Ankündigung: *In eurem Lande wird die neue apostolische Kirche angehen, danach überall!*[33]? Oder sollte er sich getäuscht haben? War die Zeit noch nicht reif? War die «Ernte», die Christus im Evangelium angekündigt hat, noch nicht ausgebrochen? Hatte also Müntzer den Mund zu voll genommen (ein Vorwurf, der ihm oft gemacht worden war), oder hatte er die Chancen für seine Revolution falsch eingeschätzt? Offensichtlich fehlte ihm eine Schar zuverlässiger Mitstreiter. Noch existierte der Bund der Auserwählten nicht, auf den er sich später stützen konnte. Die Verbindung mit den Zwickauern bestand freilich weiter. In der Sammlung der Briefe, die ihn in Prag erreichten, finden sich welche, in denen sich Müntzer über die Vorgänge der reformatorischen Bewegung berichten ließ, vom Ausgang des Wormser Reichstags und von der Ächtung Luthers.

Und da sich die Aktion in Prag, die Appelle an die Böhmen als Fehlschlag erwiesen hatten, bot ihm Prag keine Bleibe mehr. 1522/23 hält er sich in Nordhausen auf, und in Halle ist er – wie immer – nur kurze Zeit Prediger, an der St. Georgenkirche. Im Gegensatz zu

Zwickau muß es sich aber für ihn um die bescheidensten wirtschaftlichen Verhältnisse gehandelt haben. *Ich habe zween Gulden von der Domina* (vermutlich eine Äbtissin) *den ganzen Winter*, gesteht er einem Freund im Brief vom 19. März 1523. Dieser Brief, den Müntzer als *ein williger Botenläufer Gottes* zeichnet, verrät jedoch nichts von Niedergeschlagenheit oder Resignation. Nach wie vor hält er die Zielsetzungen des *Prager Manifests* aufrecht. Ja, es sieht so aus, als hätte er, der jüngst aus Halle Vertriebene, seine dortigen Gesinnungsgenossen zu ermutigen: *Ich bitte euch, daß ihr euch meines Vertreibens nicht ärgern wollet, denn in solcher Anfechtung wird der Seelen Abgrund geräumt, auf daß er mehr und mehr geläutert, erkannt werde, das unüberwindliche Gezeugnis des heiligen Geists zu schöpfen. Es kann niemand Gottes Barmherzigkeit empfinden, er muß verlassen sein, wie Jesaja klärlich am 28. und am 54.* (schreibt): *«Im Augenblick habe ich dich verlassen und in großer Barmherzigkeit habe ich dich versammelt». Das ist* (es) *auch, davon Christus, unser Heiland sagt: «Wenn ich weggehe, so kommt der Tröster, der heilige Geist», der kann niemandem gegeben werden, denn* (allein) *dem Trostlosen. Darum laßt mein Leiden euch ein Ebenbild* (Beispiel) *sein. Laßt alles Unkraut aufblasen, wie es will, es muß* (doch) *unter den Dreschflegel mit dem reinen Weizen* (Matth. 13, 24 f) *Der lebendige Gott macht also scharf seine Sensen in mir, daß ich darnach die roten Kornrosen und blauen Blümlein schneiden möge* ...[34]

Nachzutragen ist an dieser Stelle, daß auch die Zwickauer nicht ganz untätig gewesen sind, während Müntzer in Prag war und von dort aufbrach. In Begleitung von Markus Stübner, einem ehemaligen Wittenberger Studenten und Schüler Melanchthons, war Nikolaus Storch Ende Dezember 1521 in Wittenberg aufgetaucht. Durch Luthers Aufenthalt auf der Wartburg war selbst hier einiges in Bewegung gekommen. Eine Anzahl von Mönchen hatte demonstrativ das Wittenberger Augustinerkloster verlassen. Bürger und Studenten inszenierten Kirchentumulte; das war Anfang Dezember. An den Weihnachtstagen reichte Karlstadt in der vollbesetzten Stiftskirche das Abendmahl sub utraque specie, in beiderlei Gestalt. Anfang Januar 1522 löste sich die deutsche Augustinerkongregation auf, der Luther angehörte. Unter Mitwirkung Karlstadts erließ der Rat der Stadt eine Reform des Gottesdienstes. Und als ein offenkundiges Zeichen für das, was sich in Gegenwart der Zwickauer ereignete, ist der Wittenberger Bildersturm im Februar 1522 zu werten. Es war aber gar nicht nur das turbulente Treiben, für das die Zwickauer nicht einmal in erster Linie verantwortlich zu machen wären, sondern eher die geistige Kraft, die von diesen Männern ausgegangen sein muß. Denn sieht man von Markus Stübner, dem Badstubenbesitzer aus Elsterberg, als einzigen Studierten ab, so waren die

Andreas Bodenstein, gen. Karlstadt. Einziges bekanntes Bildnis

Philipp Melanchthon. Federzeichnung von Albrecht Dürer

Zwickauer Propheten schlichte Handwerksleute. Kein Geringerer als der hochgebildete Melanchthon und auch Professor Nikolaus von Amsdorf, ein Vertrauter Luthers, waren durch die Zwickauer tief beeindruckt. In einem erregten Brief an Kurfürst Friedrich, unter dessen Schutz Luther stand, erbat Melanchthon Luthers unverzügliche Rückkehr nach Wittenberg. «Weshalb ich so erregt bin, ist nicht leicht zu sagen», heißt es da. «Durch wichtige Erwägungen überzeugte ich mich, daß man sie [die Zwickauer] nicht ignorieren darf; denn ihr Geist offenbart so viele Argumente; niemandem, außer Martin wird es leicht fallen, über sie ein Urteil abzugeben.» Nikolaus von Amsdorf schrieb: «Philipp [Melanchthon] bat mich, ebenfalls [dem Kurfürsten] davon zu schreiben, aber ich lehnte es ab, nicht weil ich mich fürchtete, sondern weil mein Geist nicht ausreicht, um alles zu begreifen [!] und darüber zu urteilen.» [35]

Was also ist geschehen? Es ist zu einer weiteren Konfrontation gekommen. Zweierlei Geist hat sich kundgetan. Hinter Storch, Stübner und den anderen Zwickauern steht die Mentalität Müntzers, die sich in Prag zum erstenmal eindeutig manifestiert hat; die prominenten Vertreter der Wittenberger Theologenschaft als Hüter der Schrift, die sich unfähig zeigen, dem *lebendigen Wort* standzuhalten, berufen sich auf den, der allein dem *Botenläufer Gottes* ebenbürtig zu sein scheint: auf Luther. In der Tat war es notwendig, daß der Reformator das Gewand des «Junkers Jörg» ablegte, in den Märztagen die Wartburg verließ und durch die Autorität, die er in seinen berühmten Invokavit-Predigten ausübte, in Wittenberg geordnete Verhältnisse schuf. Ordnung aber heißt hier: eine zeitweilige Preisgabe des bereits Erreichten, zum Beispiel die Wiedereinführung der lateinischen Messe, selbst die Rückkehr zum Kelchentzug.

ALS «SEELWARTER» ZU ALLSTEDT: LITURGIKER UND POLITISCHER PREDIGER

Zu Ostern 1523 übernahm Müntzer das Amt eines Predigers in Allstedt. Der Gottesdienstreformer Müntzer sollte dem Gottesdienstreformer Luther durch einen wichtigen Beitrag zuvorkommen. Wer die von Günther Franz herausgegebene Gesamtausgabe der Schriften und Briefe Thomas Müntzers aufschlägt, der stößt zuerst auf eine Reihe liturgischer Schriften. Sie machen allein ein Drittel des stattlichen Bandes aus, das heißt: mehr als die Hälfte des zu Lebzeiten im Druck Erschienenen. Dazu gehört das *Deutsche Kirchenamt*, die *Deutsch-evangelische Messe* und *Ordnung oder Berechnung des Deutschen Amts zu Allstedt*. Luthers «Deutsche Messe» folgte erst nach Müntzers Tod. Die Veröffentlichung dieser drei liturgischen

*Der Müntzer-Turm in Allstedt.
Zeichnung von Johann Wolfgang von Goethe. Undatiert*

Schriften, denen sich die theologisch-politischen anschließen, fällt größtenteils in die Zeit seines Aufenthalts in Allstedt – Frühjahr 1523 bis Sommer 1524.

Noch einmal in seinem Leben ist Müntzer die Möglichkeit einer verhältnismäßig zusammenhängenden und fruchtbaren Arbeit geschenkt. Manchen Widerständen zum Trotz entschließt sich der Magistrat, den oftmals Ausgebooteten, unstet Flüchtigen, dem nicht nur das Gerücht seiner hinreißenden Predigtgabe vorausgeeilt sein kann, die Pfarrstelle an der St. Johanniskirche von Allstedt anzubieten. Die Wahl Müntzers scheint erfolgt zu sein, ohne daß der Landesherr, Kurfürst Friedrich III. der Weise von Sachsen, dem auch noch das Patronatsrecht an der Allstedter Hauptkirche zustand, die ausdrückliche Bestätigung abgegeben hätte. Kurfürst Friedrich wird noch wenige Monate nach vollzogener Anstellung mit dem neuen Pfarrer bekannt. Der Anlaß dazu ist für Müntzers Mentalität und Schicksal überaus kennzeichnend: ein Streitfall. Kaum hat er als «parochus Alstedensis» (Pfarrer von Allstedt) seinen Dienst angetreten, da nimmt Graf Ernst I. von Mansfeld Anstoß an Müntzers Predigt und verbietet seinen Untertanen den Predigt- und Messebesuch. Müntzer erfährt von diesem Verbot und spricht offen aus, wofür er den Grafen hält, nämlich für einen *ketzerischen Schalk und Leuteschinder*. Das kommt wiederum dem Grafen zu Ohren. Der beschwert sich schriftlich beim kurfürstlichen Schösser (Schloßverwalter) von Allstedt und beim Magistrat. Am 22. September antwortet Müntzer auf dieses Schreiben in einem Brief an den *edlen und wohlgebornen Grafen Herrn Ernst zu Mansfeld und Heldrungen*. Müntzer bekennt sich darin nicht nur offen zu der ausgesprochenen Schelte, er bekräftigt sie noch. Er werde es *allen christgläubigen Menschen* klagen, *wenn ihr – da sei Gott vor – in solchem Toben und unsinnigen Verbieten werdet verharren, so will ich euch noch auf den heutigen Tag, solang sich in mir ein Äderlein regt, nicht allein vor der Christenheit, sondern in meinen Büchern auch wider euch in manchen Zungen lassen dolmetschen und euch den Türken, Heiden und Juden einen gerissenen, unwitzigen Menschen schelten und ausschreien und auf Papier klicken*. Einst hatte Müntzer von Zwickau aus an Luther geschrieben: *Opus meum non ago, sed domini* – nicht meine Sache treibe ich, sondern die des Herrn! Nun übermannt den Erzürnten abermals der religiöse Eifer, wenn er dem Grafen zuruft: *Ihr sollt wissen, daß ich in solchen mächtigen und rechten Sachen* (wie es Wort und Sakrament sind) *auch die ganze Welt nicht fürchte*. Allein die Gottesfurcht ist es, vor der Müntzer Respekt hat. Die Menschenfurcht, die der Graf lehren will, kann er nur verachten. *Ich will mein angefangen Amt und Predigt durch die heilige Bibel nachbringen* (d. h. durch den Schriftbeweis stützen), *selbst das Allergeringste, das ich sage und singe*. Und der Prediger, der sich noch vor kurzem kaum

*Friedrich II. der Weise, Kurfürst von Sachsen.
Kupferstich von Albrecht Dürer, 1524*

das Lebensminimum verdienen konnte, scheut es nicht, sich mit dem reichen Grundherrn zu vergleichen. *Ich bin ein Knecht Gottes gleich so wohl wie ihr.* Und um die Wirkung dieser Zeilen noch zu verstärken: *Bringt ihr mich den Drucker in die Fäuste, will ich hundert mal tausend ärger mit euch umgehen denn Luther mit dem Papst!* Gezeichnet: *Thomas Müntzer, ein Verstörer der Ungläubigen.*³⁶

In seiner Ehre verletzt, wendet sich der Mansfelder an seinen Landesherren. Einem Pfarrer stehe es nicht zu, Neuerungen in Messe und Predigt einzuführen. Er, Graf Ernst, habe das kaiserliche Mandat, für die Aufrechterhaltung der bestehenden kirchlichen Ordnung zu sorgen. Müntzer solle man daher bestrafen oder festsetzen. Da die Urkundenbücher und Briefschaften erhalten sind, läßt sich der weitere Verlauf der Auseinandersetzung unschwer rekonstruieren.

Friedrich, der als «der Weise» in die Geschichte eingegangen ist, vor allem, was seine großzügige Förderung Luthers anlangt, läßt sich von seinem Allstedter Schösser Hans Zeiß erst einmal einen Bericht über die Vorfälle unterbreiten, ehe er landesherrliche Maßnahmen zu ergreifen gedenkt. Zwar hält auch er es «nicht für ungut», wie es im Brief heißt, Müntzer einstweilen festzusetzen, um den gekränkten Grafen zu beschwichtigen. Er läßt jedoch auch durchblicken, daß ihm an einer gütlichen Regelung gegenüber allen Beteiligten gelegen sei. Außerdem wird dem Kurfürsten mitgeteilt, mit welcher großen Einmütigkeit Rat und Bürgerschaft hinter ihrem Pfarrer stehen. Müntzer erhält Gelegenheit, sich vor dem Kurfürsten zu verantworten. Er unterzieht sich dieser Aufgabe frei von Menschenfurcht und seiner göttlichen Sendung gewiß. Da in der Rückfrage des Kurfürsten Auskunft darüber verlangt wurde, wie Müntzer überhaupt und ohne ausdrückliche Berufung durch den Patronatsherrn Pfarrer an der Allstedter Johanniskirche geworden sei, gibt ihm der Briefschreiber eine bündige Antwort: *Nachdem mich der allmächtige Gott zum ernsten Prediger gemacht hat, so pfleg ich auch die lautbaren beweglichen Posaunen zu blasen, daß sie erhallen mit dem Eifer der Kunst Gottes, keinen Menschen auf dieser Erden zu verschonen, der dem Wort Gottes widerstrebt, wie Gott selber durch den Propheten befohlen hat Jesaia am 58. Darum muß mein Name* (wie billig) *von Not wegen den Weltklugen gar grausam häßlich* (verhaßt) *und untüchtig sein.*[37]

Diese einleitenden Sätze enthalten schon alles Wesentliche des Müntzerschen Programms: Seine Legitimation als Prediger erhält er nicht von einem Menschen, somit auch nicht von einem Fürsten, sondern von Gott selbst. Er, der Prediger, wie übrigens auch der Bauer oder Handwerker, ja selbst der in Leibeigenschaft Gehaltene, sind nicht etwa Knechte der fürstlichen oder gräflichen Obrigkeit. So will es lediglich die menschliche Ordnung. Aber sie, Prediger und Fürst, stehen – mit den Menschen aller Stände – auf der gleichen Stufe. Sie sind ohne Ansehen der Person «Knechte Gottes». Man sieht, welches Menschenbild und welche sozialethischen Grundsätze Müntzers Ausgangsbasis darstellen. Ohne lange über die Ideale zu theoretisieren, die zweieinhalb Jahrhunderte später durch die Französische Revolution ausgerufen werden sollten, legt Müntzer seinem politischen Tun die Prinzipien der Freiheit, der Gleichheit und der Brüderlichkeit als selbstverständlich angesehene Elemente der Menschenrechte zugrunde. Die einzige Forderung, unter die sich Müntzer immer wieder zu beugen bereit findet, ist die *Furcht Gottes*. Diese «Furcht» ist es, die ihn dazu antreibt und befähigt, *die Kunst Gottes* ins Werk zu setzen und *mit Eifer die lautbaren beweglichen* (in Bewegung setzenden) *Posaunen zu blasen*. Bis in die Wortwahl hinein klingt hier das Motiv an, mit dem das *Prager Manifest* beginnt. Mag der Ton dieser Posaunen in den Prager Novembertagen von 1521 ungehört verhallt sein, so ist Müntzer nun gesonnen, den auf Entscheidung und Herausforderung gestimmten Ton vor dem Kurfürsten und später in Gestalt der Allstedter *Fürstenpredigt* neu erklingen zu lassen. Die Schonzeit für diejenigen, *die dem Wort Gottes widerstreben*, ist vorüber. Die heimliche Drohung zwischen den Zeilen ist kaum verborgen. Müntzer weiß genau, daß er dabei ist, für viele der bestgehaßte Zeitgenosse zu werden – um des Wortes Gottes willen. Diesen Leumund nimmt er in Kauf. Dem *armen, dürftigen Häuflein der Auserwählten* hingegen ist sein Name *ein süßer Geruch des Lebens*, sagt er sich wenn er an die denkt, die ihre Hoffnung auf ihn setzen.

Ein Psalmwort (Ps. 69, 10), das der Evangelist Johannes (2, 17) im Zusammenhang seines Berichts über die Tempelaustreibung auf Jesus anwendet, nimmt Müntzer für sich in Anspruch, wenn er schreibt: *Der inbrünstige Eifer der armen, elenden, erbarmungswürdigen Christenheit hat mich gefressen.* Daher die Schmähung, die er seit langem zu erdulden hat, daher die Kette der Ausweisungen und Vertreibungen. Aber alle diese Gewaltmaßnahmen können Müntzer nur ein Mittel zur Erreichung seines Zieles sein, nämlich der Veröffentlichung *des lauteren, reinen Wortes Gottes* vor aller Welt, Protest vor den Großen und den Kleinen, wobei der Inhalt dieses Protestes *Christus der Gekreuzigte* ist. Müntzers Protest besteht also darin, von diesem Christus *zu singen und zu predigen unverhohlen und unverdrossen.* Das besagt: Thomas Müntzer will Liturgiker und politischer Prediger in e i n e r Person sein. Indem er nach Möglichkeiten einer Erneuerung des Gottesdienstes sucht und zum Schöpfer einer deutschen Messe wird, zieht er sich nicht etwa in den Ghettobereich einer kirchlichen, weltflüchtigen Innerlichkeit zurück. Denn das, was am Altar vor der und mit der versammelten Gemeinde im Namen des gekreuzigten Christus geschieht, ist dazu bestimmt, als die *biblische Wahrheit vor aller Welt* kundgetan zu werden. Dazu gehört das deutende, ausrufende Wort der Predigt, die eine frohe Botschaft für die einen und eine grimmige, Gericht androhende Botschaft für die anderen darstellt. In Allstedt findet Müntzer Gelegenheit, zu zeigen, daß sich sein politisches und gesellschaftliches Engagement nicht in der Agitation für eine neue Gesellschaftsordnung erschöpft, sondern daß eben diese Agitation des Predigers einen Ausgangs- und einen Zielpunkt hat, den er nirgends anders findet als in der Bibel. Weil dies so ist, hat er – so teilt er dem Kurfürsten mit – den Grafen Ernst von Mansfeld aufgefordert *mit der Wahrheit aus der Schrift zu beweisen,* inwiefern er ein Ketzer sei, andernfalls wolle er mit gleichen Mitteln den Gegenbeweis antreten. Müntzer begründet die Rechtmäßigkeit seiner Bemühungen um eine kultische Erneuerung. Damit liefert er eine direkte Antwort auf die seiner Überzeugung nach ungerechtfertigte Beanstandung seiner Messepraxis und Predigtweise. Hierin, und das heißt in einer dem Erkenntnishorizont des Volkes angemessenen Gottesdienstform, erblickt Müntzer *die Grundfeste der deutschen Ämter* (Amt = Gottesdienst). Er tritt den Schriftbeweis für eine Messe an, die des magischen Charakters der in lateinischer Sakralsprache vollzogenen Opferhandlung entbehrt und das Abendmahl Christi in der Sprache des Volkes vergegenwärtigt. Damit setzt Müntzer Luthers Reformation des Gemeindegottesdienstes fort, die der Wittenberger auf der Wartburg mit der Verdeutschung des Neuen Testaments (1521) begonnen hat. «Dem Volk aufs Maul schauen», lautet das Motto beider Männer.

Und doch kann man bei Müntzers Aktivität in Allstedt nicht nur von einer Fortführung der lutherischen Reformation sprechen. Sein Ziel, das er auf den einfachen, beinahe harmlos klingenden Nenner «singen und beten» bringt, ist spätestens seit dem *Prager Manifest* klar. Auch im Brief an den Kurfürsten Friedrich spielt Müntzer mit offenen Karten. Er setzt den Fall, daß die Fürsten ihrer Verantwortung nicht nachkommen. Geschieht dies, *so wird das Schwert ihnen genommen werden und wird dem inbrünstigen Volke gegeben werden zum Untergang der Gottlosen, gemäß Danielis 7, 18, da wird das edle Kleinod, der Friede aufgehoben werden von der Erde, gemäß Apokalypsis 6, 2.*[38] So schließt Müntzer seinen Brief an den Landesvater mit einem Ausblick von apokalyptischer Tiefe. Sein Blick richtet sich auf den Zeitpunkt, an dem die Losung, «Alle Macht dem Volke!» das Führerprinzip der «von Gott verordneten» Fürsten verdrängt haben wird. Und zur Versicherung, daß dies alles nicht leicht hingesagt ist, daß es für Müntzer kein Zurück gibt, schließt er: *Sollte ich jetzt weichen, so könnte mein Gewissen und mein Wandel vor der Christenheit nicht bestehen.*

Schwerlich wird man den Ernst übersehen können, mit der Müntzer die Dringlichkeit seiner Aufgabe dem Vertreter der Fürsten beschwörend ins Bewußtsein gerufen hat. Müntzers Brief, der als eine «Verantwortung» gedacht war, verfehlte seine Wirkung nicht. Das ergibt sich schon daraus, daß es Kurfürst Friedrich mit einer bloßen Vermahnung bewenden ließ. Müntzer solle sich auf dem Predigtstuhl künftig aller Worte enthalten, «die zu Gottes Ehre und christlicher Unterweisung des Volkes nicht dienlich» seien – eine weitgefaßte Vorschrift also, die man als völlige Freiheit, wenn nicht als offizielle Anerkennung seines Amtes als Prediger in Allstedts Hauptkirche auffassen kann.[39] Müntzer faßte Friedrichs Antwort so auf. Der Unerschrockene hatte demnach über den Grafen von Mansfeld gesiegt. Bis zum Frühjahr 1524 konnte er seine Position weiter festigen. Carl Hinrichs geht in seiner Studie zum Verhältnis von Luther und Müntzer so weit, zu sagen, Müntzers Plan sei es gewesen, das kleine sächsische Ackerstädtchen zu einem religiös-politischen Zentrum und zu einer Art «Gegen-Wittenberg» zu machen, «von dem aus nicht nur die Volksmassen, sondern – durch Überzeugung sowohl wie durch den Druck eben dieser Volksbewegung – auch die kursächsische Obrigkeit für eine gewaltsame Umgestaltung aller Lebensverhältnisse nach Maßgabe des von Müntzer ausgelegten Wortes Gottes gewonnen werden sollten. Und von dieser eroberten kursächsischen Basis aus sollte dann schließlich die religiöse und soziale Revolutionierung ganz Deutschlands ausgehen, wobei das Beispiel und die Macht, sowie das Ansehen, das die ernestinischen Fürsten, besonders Kurfürst Friedrich der Weise selber, auch beim ‹gemeinen Mann› besaßen, zweifellos mit in Rechnung gestellt wurden.»[40]

Für Hinrichs These spricht einiges, vor allem die Tatsache, daß der eineinvierteljährige Aufenthalt in Allstedt wohl die entwicklungsgeschichtlich wichtigste Phase im Leben Müntzers ist.

DIE DEUTSCHE MESSE

Offenbarlich (öffentlich) das (Kirchen-)Amt zu treiben (d.h. die Messe zu lesen), ist einem Knecht Gottes gegeben, nicht unter dem Hütlein (verdeckt) zu spielen, sondern zur Aufrichtung und Erbauung der ganzen Gemeinde, welche gespeiset wird durch den getreuen Schaffner, der da austeilet das Maß des Weizens in gelegener Zeit.[41]

So fängt Müntzers *Ordnung und Berechnung des Deutschen Amtes zu Allstedt* an, mit dessen *Aufrichtung* er zu Ostern als Prediger an der Johanniskirche begonnen hat. Die bereits erwähnten drei liturgischen Schriften liefern nicht nur den Text und das Notenmaterial für die Erneuerung des christlichen Gottesdienstes, an dem der Mansfelder Graf Ernst so sehr Anstoß nehmen sollte. Unabhängig von seinem Brief an Kurfürst Friedrich von Sachsen begründet und erläutert Müntzer in diesen Schriften auch sein Tun. Daß er die Texte sogleich im Druck erscheinen läßt, demonstriert, wie sehr dem Allstedter Reformer an einer raschen Verbreitung gelegen ist.[42] Berücksichtigt man, daß Müntzers liturgische Neuschöpfung innerhalb weniger Monate erscheinen kann, daß sie eine Reihe von eigenen Bibelverdeutschungen enthält, wird man Rückschlüsse auf die Tätigkeit vor der Zeit in Allstedt ziehen dürfen. Trägheit kann man einem Menschen von seiner Statur kaum nachsagen. Deshalb sein Appell an die Amtsbrüder in der Vorrede zur *Deutsch-evangelischen Messe*: *Da müssen die zarten Pfaffen dem armen Volke zugute ihre Köpfe nicht sparen oder müssen ihr Pfaffenhandwerk bleiben lassen. Sollten sie also faulenzen und allein am Sonntag eine*

*Predigt tun und die ganze Woche über sich wie Junker gebärden? Nein, nicht also.*⁴³ Daß die Kollegen hie und da die Nase rümpfen werden, weil Müntzer sie mit den vorliegenden Texten und Gesängen an ihre eigentliche Aufgabe erinnert – damit rechnet der Erneuerer der Deutsch-evangelischen Messe.

Worin besteht nun die Aufgabe, der er sich unterzogen hat? Das Studium der frühen Kirchengeschichte und die Lektüre der von ihm mehrfach zitierten Kirchenväter Hegesipp und Eusebuis hat ihm gezeigt, wie es in der nachapostolischen Zeit zu einem Niedergang der Christenheit gekommen ist. Dies wurde bereits im *Prager Manifest* nachzuweisen versucht. *Man muß alle glaubhaften Geschichtsbücher durchsehen,* sagt Müntzer, wenn man sich einen Begriff von der Verfälschung des Gottesdienstes machen will, der seit der frühen Christenheit eingetreten ist. *Es wird sich nicht länger leiden* (lassen), *daß man den lateinischen Worten will eine Kraft zuschreiben, wie die Zauberer tun, und das arme Volk viel ungelehrter lassen aus der Kirchen* (heraus-)*gehen denn hinein.*⁴⁴ Aus diesem Grunde hat er den Versuch gemacht, die alttestamentlichen Psalmen zu verdeutschen. Sein Ziel ist es, *der armen zerfallenden Christenheit also zu helfen mit deutschen Amten* (liturgischen Texten), *es seien Messen, Metten oder Vesper, daß ein jeglicher gutherziger Mensch sehen, hören und vernehmen mag, wie die zweifelhaften päpstlichen Bösewichte die heilige Bibel der Christenheit zu großem Nachteil gestohlen und ihr rechtes Verständnis vorenthalten haben, dazu armer Leute Güter darüber boswillig verschlungen haben.* Diese päpstliche *Nigromantie* (Schwarze Magie) gilt es aufzudecken, die *Larven abgöttischer Gebärden* wegzureißen und auf diese Weise dem *armen gemeinen Mann* eine Glaubens- und Erkenntnishilfe zu vermitteln.

Müntzer meint das wörtlich. Seine Glaubenshilfe zielt hin auf *Errettung der armen, elenden, blinden Gewissen der Menschen,* die er auch den *armen Haufen der Laien* nennt, um die sich die beamtete Geistlichkeit so wenig gekümmert hat. Er selbst will *Seelwarter zu Allstedt* sein, Wächter über die Seelen derer, für die er sich verantwortlich weiß; ein *getreuer Schaffner,* der als ein Hausvater die ihm anvertrauten Menschen mit Wort und Sakrament ernährt. Die Erkenntnishilfe ist von der Glaubenshilfe nicht zu trennen. Deshalb hat er die Übersetzung der Psalmen nach bestimmten Grundsätzen vorgenommen. Es ist nicht sein Ehrgeiz, mit seiner philologischen Übersetzungskunst zu glänzen. Deshalb hat er sein Verdolmetschen der Psalmen *mehr nach dem Sinne denn nach den Worten* eingerichtet. Der Vorläufigkeit dieses Versuchs ist er sich – wie jeder gute Übersetzer – bewußt. Denn *es ist eine unflätige Sache, Männlein gegen Männlein zu malen* (Wort für Wort, Begriff für Begriff zu übersetzen), *nachdem wir zum Geist noch zur Zeit viel Musterns bedürfen, bis daß wir entgröbert werden von unserer angenomme-*

Titelblatt einer liturgischen Schrift Thomas Müntzers

nen Weise [45]. Eine *Entgröberung*, wie Müntzer sie versteht, zielt auf christliche Verkündigung. Diese Aufgabe ist nicht mit einem Wurf zu erfüllen. Es handelt sich um einen langwierigen Prozeß. Er sieht sich vor die Aufgabe gestellt, desen Prozeß als Liturgiker und als Prediger nach und nach in Gang zu bringen, *da man die arme, grobe Christenheit nicht so bald aufrichten kann, wo man nicht das grobe, unverständige Volk seiner* (d. h. der Pfaffen) *Heuchelei mit deutschen Lobgesängen entgröbert.* Einige Zeilen später sagt er von diesem Prozeß, *die Menschen mögen christförmig werden.*

Es spricht für die Spiritualität und den Ernst Müntzers, daß er weit davon entfernt ist, einer oberflächlichen, zeitbedingten Neigung

Thomas Müntzer. Holzschnitt von C. van Sichem, um 1524 (Ausschnitt)

nach liturgischer Veränderung oder gar einer anarchistischen Bilderstürmerei entgegenzukommen. Er will nicht bestehende Formen auflösen, sondern erweist ihnen vielmehr einen beachtlichen Respekt. Ihm geht es um die Wiedergewinnung der spirituellen Substanz, die einer sakramentalen Handlung innewohnt. Er fragt danach, was Christus getan hat, welche Realität dem kultischen Zeichen und der liturgischen Gebärdensprache zugrunde liegt. *Den päpstlichen Greuel will er nicht erhalten oder wiederaufrichten*, betont er. Bewußt oder unbewußt orientiert sich Müntzer an Luthers Reformwillen, der deutlich konservative Züge trägt. Jede menschliche Satzung muß allerdings fallen, wenn sie vor dem göttlichen Wort nicht bestehen kann. Das Wort muß aber als Anrede und in seinem Anspruch vernommen werden können, auch vom *gemeinen Mann*, der der Wortmagie der lateinischen Kultussprache ausgeliefert ist. *Und Christus unser Heiland hat das Evangelium einer jeden Kreatur befohlen vorzupredigen unverwickelt und unverblümt, weder mit Latein oder irgend einer Zulage, sondern wie es ein jeder in seiner Sprache vernimmt oder vernehmen mag.*[46]

Auch Müntzers Kritiker müssen zugeben, mit welcher Sorgfalt er gegenüber der überkommenen Tradition in der Deutschen Messe zu Werke gegangen ist. Der katholische Reformationshistoriker Erwin Iserloh schreibt: «An Sprachgewalt erreicht er Martin Luther. Er übertrifft ihn aber an Treue gegenüber der liturgischen Tradition und an Verständnis für die religiöse Not des einfachen Volkes. Aus dieser betont seelsorgerlichen Haltung heraus nimmt der ‹Schwärmer› Müntzer ähnlich wie Karlstadt den äußeren Gottesdienst sehr viel ernster als Luther.»[47] Doch sind es keineswegs nur historische Gründe, die Müntzer zu der bestätigten Traditionstreue veranlaßt haben. Ausschlaggebend ist die Gegenwart des Geistes, die Anerkennung seiner Realität und Wirksamkeit. Der Mensch, der am Sakrament teilnimmt, hat es eben nicht bloß mit äußerlichen Zeichen oder Allegorien für eine theologische Begrifflichkeit zu tun. *Er soll und muß wissen, daß Gott in ihm sei, daß er ihn nicht ausdichte oder aussinne, wie er tausend Meilen von ihm* (entfernt) *sei, sondern wie Himmel und Erden voll, voll Gottes sind und wie der Vater den Sohn in uns ohn Unterlaß gebiert, und der heilige Geist nicht anders den Gekreuzigten in uns durch herzliche Betrübnis erklärt.*[48]

Es ist die Sprache der Mystik Taulers und der «Theologia Deutsch» genannt «Der Frankfurter», aus der Müntzer, ähnlich wie der junge Luther, Wesentliches geschöpft hat. Die liturgisch-kultische Form allein tut es nicht. *Was soll einem das Zeichen, der da verleugnet das Wesen?*[49] Aber dieses Wesen, das nach lutherischer Auffassung «in, mit und unter» den äußeren Zeichen als eine Realität gesucht und gefunden werden kann, muß erst erkannt und vergegenwärtigt werden. *Denn so wir das Sakrament, das heilige Zeichen, nicht ver-*

nehmen, wie wollen wir das Wesen verstehen, welches das Zeichen bedeutet.[50]

Die Wesenserkenntnis, um die sich Müntzer bemüht, darf nun aber nicht mit einer Rationalisierung des Mysteriums gleichgesetzt werden. Der theologische Meinungsstreit über spirituelle Tatbestände scheint dem in der leidenschaftlichen Auseinandersetzung nicht Ungeübten wenig zuzusagen: *Ach wie blinde, unwissende Menschen sind wir, daß wir uns vermessen, allein Christen zu sein in äußerlichem Gepränge und uns darüber zanken wie wahnsinnige, viehische Menschen!*[51] Was not tut, ist eine durchgreifende *Entgröberung*, eine Wesenswandlung. Das gepredigte Wort scheint Müntzer nicht auszureichen. Es bedarf der Unterstützung durch den Kultus. Viel wichtiger als das Theologengezänk darüber, wie das Sakrament im einzelnen gedeutet werden müsse, ist die Innenerfahrung, *wie der Vater den Sohn in uns ohne Unterlaß gebiert* und wie die Passion Christi in Gestalt der Anfechtungen, nicht zuletzt in Gestalt sozialer Ungerechtigkeit, fortdauert. Für Müntzer ist Jesus viel mehr als ein historisches Faktum, dessen man sich lediglich durch religiöses Zeremoniell erinnert. Er ist kein Datum, das vom heutigen Menschen durch eineinhalb Jahrtausende getrennt ist, sondern ein fortschreitender Prozeß, der sich in der menschlichen Seele Mal um Mal vollzieht oder der sich zumindest in ihr abbildet, ohne deswegen an Konkretheit einzubüßen. Um diesen Vorgang wenigstens andeutend zu umschreiben, bedient sich Müntzer an dieser Stelle der Ausdrucksmittel der Mystik – eines Vokabulars, das Männer wie der Evangelist Johannes oder Paulus angewandt haben, um an das Christus-Mysterium heranzuführen. Christi Geburt und Tod liegen also nicht in einer fernen Vergangenheit. Sie geschehen j e t z t und h i e r und i n uns selbst. Dies ist Müntzers Glaube.

Vor dem Mißverständnis mancher Mystiker bleibt er bewahrt: erlangte Innenerfahrung allein auf die eigene Person zu konzentrieren. Er sieht darin einen *Mißbrauch des Geheimnisses Gottes in der Kirche*. Bei Müntzer hat mystische bzw. geistliche Erkenntnis eine soziale Dimension. In diese Dimension hinein muß sie ausstrahlen. Dient nun eine weihevolle, unverständliche Kultsprache dazu, dem Volk ein Mysterium zu verhüllen, so muß Müntzer es enthüllen. *Denn Christus, der Sohn Gottes, hat dieselbigen Worte* (der Segnung bzw. Wandlung) *nicht zu einem gesagt oder verborgen, sondern zu allen, wie der Text des Evangeliums klar anzeigt.* Müntzer verweist auf den Plural in den Einsetzungsworten des Abendmahls, wo es heißt: «Nehmet hin und esset... nehmet hin und trinkt alle daraus!» Er geht soweit, zu sagen: *Daneben ist auch die Konsekration eine Termung* (Wandlung), *welche nicht allein von einem, sondern durch die ganze versammelte Gemeinde geschieht. Damit sei geantwortet unseren Widersachern, die uns ver-*

Titel der von Luther herausgegebenen
«Theologia Deutsch», 1518

folgen ohne rechtschaffenen Grund, da sie sagen, wir lehren die Roßbuben auf dem Felde auch Messehalten.[52]

In Wirklichkeit geht es um nichts Geringeres als um die Verwirklichung dessen, was Luther das «allgemeine Priestertum aller Gläubigen» genannt hat. Müntzer kommt das Verdienst zu, als erster die praktisch-liturgischen Konsequenzen aus diesem Programm gezogen und ein weithin sichtbares Zeichen gegen den Klerikalismus aufgerichtet zu haben. Seine Wirksamkeit als Liturgiker ist demnach kein Rückfall, sondern steht im Einklang mit seiner sozialrevolutionären Aktivität.

WIDER DEN «GEDICHTETEN GLAUBEN»

So wie Müntzers Messehalten Fragen aufwarf, die beantwortet werden mußten, ergab sich immer neuer Anlaß, die Grundlagen seines theologischen Denkens offenzulegen. Ja, man könnte sagen, sein ganzes Wirken stehe im Zeichen des Antwortens und der Verantwortung für seine Lehre. Was Provokation angeht, hat Müntzer ohnehin reichlich Stoff geliefert.

Auch Georg Spalatin, ein Freund Luthers, Prediger am Hofe des Kurfürsten Friedrich, hat offensichtlich zu Müntzers Fragestellern gehört. In der Landesbibliothek von Gotha liegt die Handschrift einer Arbeit Müntzers mit eigenhändigen Bemerkungen Spalatins. Das Manuskript stimmt mit dem Druckwerk *Von dem gedichteten Glauben* überein, das zwar die Jahreszahl 1524 trägt, jedoch noch im Spätherbst 1523 entstanden sein dürfte. In vierzehn kurzen Abschnitten argumentiert Müntzer *wider den gedichteten Glauben der Christenheit*. Er versteht darunter die Perversion dessen, was die Bibel des Alten und des Neuen Testaments als Glauben preist. Müntzer meint entdeckt zu haben, *daß alle Väter, die Patriarchen* (wie Abraham), *Propheten* (wie der oft zitierte Jeremia) *und sonderlich die Apostel ganz schwerlich zum Glauben gekommen sind*[53]. Man habe einen *süßen Christus* gepredigt, um dem Verlangen der *fleischlichen Welt* entgegenzukommen. *Wer den bittern Christus nicht haben will, wird sich am Honig totfressen ... Denn wer mit Christus nicht stirbt, kann nicht mit ihm auferstehn.*[54] Lippenbekenntnisse führen bestenfalls zu einem *gedichteten Glauben*. Allein die Erfahrung wiegt. *Verzweifeln und alle hohe Gegenteil* (d. h. die Paradoxie und Gegensatzspannung christlicher Existenz) *muß man erlitten haben. Es muß* (selbst) *die Hölle erst erlitten werden!*

Das ist es, was Müntzer auch *an seinen lieben Bruder Zeiß, Schösser zu Allstedt*, am 2. Dezember 1523, kurz nach Abfassung der Schrift, einschärft: *Wir alle müssen den Fußstapfen Christi nachfolgen.* Deshalb liegt ihm soviel daran, sich von denen zu unterscheiden, *die noch Neophyten, das heißt unversuchte Menschen* sind, die noch nicht *Seelwarter* für andere Menschen sein können, die es vielmehr nötig haben, als Katechumenen die Grundbegriffe des Glaubens zu lernen, aber eben nicht aus Büchern. Gott selbst muß sie lehren.[55] In jenen Tagen schreibt Müntzer an einen Freund nach Eisleben, es werde niemand selig, *er erdulde denn, daß Gott die ganze Schrift in ihm wahrmache*[56]. Sein Rat lautet: *Laßt die Erbsaligkeit* (Mühsal, Leiden) *eine Unterrichtung und Übung und Untergang eures Glaubens sein durch Jesus Christus.*[57]

Hörst du, Welt – heißt es auf der Titelseite der anderen, kurz danach verfaßten Schrift *Protestation oder Erbietung* –, *ich predige dir Jesum Christum, den Gekreuzigten ... gefällt dirs, nimm es auf, so nicht, verwirf es!* [58] Wenn Müntzer in den 22 Abschnitten der *honigsüßen Büberei* den Kampf ansagt, dann meint er offenbar nicht nur die Papstkirche, der sein Protest bisher gegolten hat, sondern auch jene, die *mit viel ruhmredigen Worten* (meinen) *gut evangelisch* (zu) *sein*.[59] Der Weg zum Himmel *muß gar ein enger Weg sein*. Der Autor läßt keinen Zweifel, wen seine Kritik an diesem Punkt trifft, wenn er *zum vierzehnten* anhebt: *Des Ziels wird weit gefehlt, so man predigt, der Glaube muß uns rechtfertig machen und nicht die Werke. Ist eine unbescheidene Rede*. Müntzer spielt *zum achtzehnten* auf gewisse Leute an – niemand anders als Luther und die Wittenberger Reformatoren können damit gemeint sein –, die mit *leichtem Geplauder* die Gerechtigkeit Gottes zu einer billigen Ware machen, die sich jedermann ohne eigene Leistung verschaffen könne. Es ist die Sorge eines Angefochtenen und in der Tiefe des Seins Erschütterten, der die bohrende Frage stellen muß: *Kann ich so leichtlich selig werden?* Nicht anders als der Seelwarter von Allstedt hat einst der Augustiner Luther mit der Frage gerungen: Wie erringe ich einen gnädigen Gott?

Was Müntzer im Innersten bewegt, drängt bei ihm immer wieder ins Äußere, in die Aktion. Im Frühsommer 1524 sammelt er einen *getreulichen Bund göttlichen Willens*, einen Bund jener Auserwählten, die er schon im *Prager Manifest* der Masse der Verdammten gegenübergestellt hat wie den Weizen dem auszurottenden Unkraut. Rund 500 Allstedter Bürger, dazu der Rat des Städtchens, schließen sich ihm an. «Es handelte sich hierbei um eine militärische Organisation und Einteilung der Bürgerschaft, die fortan auf bestimmte Zeichen hin mit ihrer Rüstung – Harnisch und Speer – ‹in ihre Ordnung treten› sollte, wenn es nötig wäre, ‹unrechter Gewalt zu widerstehen›. Dagegen war der Bund als eine Organisation gedacht, die weit über die Grenzen des kleinen Ackerstädtchen, das halb zufällig der Sitz der revolutionären Bewegung geworden war, hinausreichen sollte.» [60] Er reicht auch über die Allstedter Bürgerschaft hinaus. Es ist zum Beispiel die Rede von 300 mansfeldischen Berggesellen, die «mit aufgereckten Fingern» und mit dem Versprechen, «bei den Worten Gottes zu stehen», den feierlichen Eid schwören. Es versteht sich, daß mit «Wort Gottes» Müntzers Interpretation dieses Wortes gemeint ist. Als man ihn, den Wortführer, nach der Niederlage von Frankenhausen über die Zielsetzungen des politisch-sozialrevolutionären Bundes befragt, hält der Protokollant fest: «Ist ihr Artikel gewesen und habens auf die Wege richten wollen: Omnia sunt communia [alles Eigentum ist Gemeineigentum], und sollte einem jeden nach seiner Notdurft ausgeteilt werden nach Gelegenheit. Welcher Fürst, Graf oder Herr das nicht hätte tun wollen und des erstlich erinnert, denen sollte man die Köpfe abschlagen oder hängen.» [61]

Was die Gütergemeinschaft und die Brüderlichkeitsgesinnung des

Bundes anlangt, ist sicher die Jerusalemer Urgemeinde (Apostelgeschichte 2) für Müntzer beispielgebend gewesen. Der radikale, revolutionäre Charakter des Bundes, der vor Gewaltanwendung nicht zurückschreckt, ist von den apokalyptischen Bildern des Alten und des Neuen Testaments genommen, die den Grimm Jahves, die Zeit der Ernte und des Endgerichts über den Antichrist illustrieren. *Ich habe meine Sichel scharf gemacht,* hat es im Manifest von Prag geheißen. Und dem Kurfürsten hat Müntzer am 4. Oktober 1523 den unwiderruflichen Willen bekundet, *mit dem Eifer der Kunst Gottes keinen Menschen auf dieser Erde zu verschonen, der dem Wort Gottes widerstrebt...* Als gelte es, ein erstes Exempel zu statuieren, zog schon im März des Jahres eine Schar von Allstedtern nach Mallerbach, einer kleinen Ortschaft vor den Toren der Stadt. Durch Müntzers Predigt gegen den Aberglauben der Heiligenverehrung zerstörten sie das Kirchlein der Naundorfer Nonnen samt dem Gnadenbild und zogen sich damit den Unwillen der Obrigkeit zu. Müntzers Stellung ist aber zu dieser Zeit schon so stark gefestigt, daß er es wagen kann, zu argumentieren, *nachdem das Volk einen unersättlichen Hunger hat nach Gottes Gerechtigkeit, mehr denn ich sagen mag... Ich tadle die unverständige Christenheit zu Boden. Ich weiß meines Glaubens Ankunft zu verantworten.*[62] Den Gottesfürchtigen zu Sangerhausen schreibt er ermutigend: *Habt acht darauf, daß ihr euch nicht an der Nasen laßt herumführen mit vorgegebenen Drohworten und mit der Hinterlist der Wuchersüchtigen... Habt nur einen freien Mut, die Gottlosen Buben sind schon verzagt durch Gottes Gerechtigkeit, welche euch Stärke in Christus Jesus unserem Herrn ist. Amen.*[63]

Die Müntzer-Briefe jener Tage sind gezeichnet mit *ein Knecht Gottes* und mit *servus electorum, Knecht der Auserwählten*. Der Versuch der Obrigkeit, gegen die rigorosen Auserwählten vorzugehen, scheitert angesichts der Entschlossenheit Müntzers und der Solidarität des Bundes, dessen Sympathien auch bei Nichtmitgliedern gewachsen sind. Luther ist ungehalten, daß der kühl abwägende Kurfürst Friedrich sich so langmütig gegenüber dem «aufrührerischen Geist von Allstedt» verhält. In jenem für Wittenberg kritischen Frühjahr 1522 hat der Reformator deutlich zu machen versucht, worin er die große Gefahr der sogenannten Schwärmerei sieht, als er seine «Treue Vermahnung zu allen Christen, sich zu hüten vor Aufruhr und Empörung» im Druck erscheinen ließ. Aber auch mit direkten, an den Landesherrn gerichteten Vorhaltungen hat Luther nicht gespart. Beinahe umsonst, so scheint es, wenn man sieht, wie es dem Seelwarter von Allstedt gelingt, seine Stellung zu festigen und zu einer Gegenposition zu Wittenberg auszubauen.

Fragt man nach den Motiven, die den Allstedter bewogen haben, in zunehmenden Maße den Wittenbergern Widerpart zu leisten, wird man auf Müntzers theologisch begründeten Veränderungswillen verwiesen, der sich in den Prager Aufrufen von 1521 artikuliert hat. Was Müntzer treibt, ist – religiös gesprochen – die Idee des Reiches Gottes, die große Hoffnung, die bereits die sozialreformerisch aktiven Propheten Israels bewegt hat, die das Spätjudentum und das Urchristentum in gespanntester Erwartung hielt, die von Joachim von Fiore in einem grandiosen Zukunftsbild von der ecclesia spiritualis (Geistkirche) geschaut wurde und deren Verwirklichung sich die Nachfahren des Jan Hus, die böhmischen Taboriten, vorgenommen hatten. Müntzer ist einer der wichtigsten Vertreter der christlich-apokalyptischen Reichsidee. Noch wenige Tage vor dem Zusammenbruch von 1525 schreibt er den Erfurter Brüdern von Mühlhausen aus, *daß das Reich dieser Welt soll Christo zuständig sein*. Im selben Brief wird die Frage vom politisch-gesellschaftlichen Gesichtspunkt aus beantwortet. Unter Berufung auf das 7. Kapitel (Vers 27) des Buches Daniel schreibt er, *daß die Gewalt soll gegeben werden dem gemeinen Volk*[64]. Das Volk, *der gemeine Mann* oder, wie er in der programmatischen *Fürstenpredigt* sagt, *die armen Laien und Bauern* sollen Träger der staatlichen Gewalt und damit Repräsentanten der göttlichen Gerechtigkeit auf Erden sein.

Dieser These mußte vor allem Luther mit größter Entschiedenheit widersprechen. Beide Aspekte aber, der religiöse und der politisch-gesellschaftliche, gehören für Müntzer zusammen. Es geht ihm immer um das e i n e Reich, ob er sich das eine Mal mehr über die religiöse, das andere Mal mehr über die gesellschaftliche Dimension der zu verwirklichenden Gerechtigkeit ausspricht. Selbst die liturgische Aktivität ist, wie wir gesehen haben, unter dem Einheitsaspekt zusammenzufassen. Nur in formaler Hinsicht kann man bei Müntzer von «politischen» und von «theologischen» Schriften sprechen. Eine Aufspaltung der einen Wirklichkeit in «zwei Reiche» – wie immer man die lutherische Zwei-Reiche-Lehre definieren mag – wäre Müntzer unmöglich gewesen. Das Reich dieser Welt kann der «Theologe der Revolution» (Bloch) nicht jenen überlassen, die sich dadurch als Gottlose und als Verdammte ausweisen, daß sie sich der Inkraftsetzung einer so verstandenen Gerechtigkeit in den Weg stellen. *Ists doch am hellen Tag, daß Gott die Seinen also freundlich läßt die Widersacher peinigen allein am Gute* (d. h. an ihrem Besitz), *durch welches sie das Reich und Gerechtigkeit Gottes haben vom Anfang* (an) *verhindert... Wie ist es immer mehr möglich, daß der gemeine Mann sollte bei solchen Sorgen der zeitlichen Güter halben das reine Wort Gottes mit gutem Herzen möge empfangen?*[65] Auch diese Frage ist, abgesehen von einem aktuellen, im Brief genannten Anlaß, an die Verkündiger der «reinen Lehre» gerichtet, die wohl das Verständnis von Wort, Sakrament, Amt, Gemeinde zu reformieren begonnen haben, ohne sich jedoch ausreichend um die wirtschaftliche, gesellschaftliche Situation des *gemeinen Mannes* zu kümmern.

Es ist nicht verwunderlich, daß eine an obrigkeitlicher Ordnung ausgerichtete kirchliche Sozialethik, etwa lutherischer Art, die eine Verketzerung Müntzers anstrebt, den Widerspruch von kommunistischer Seite (Engels, Kautsky u. a.) hervorgerufen hat. Der sowjetische Historiker M. M. Smirin resümiert: «Das Bewußtsein, daß der Kampf um die materiellen Lebensinteressen gleichzeitig ein Kampf um den großen, in der Heiligen Schrift vorausgesehenen Umsturz ist, und das Bestreben, die Bewegung im ganzen Lande zu zentralisieren, verliehen dem Programm Müntzers politische Bedeutung. Die geforderte Vernichtung der bestehenden fürstlichen Staatsordnung und des Übergangs der Gewalt an demokratische Gemeinden (ohne die Frage der Form dieser Gewalt im voraus zu entscheiden) wurde zu einem organischen Bestandteil des Programms. Jedoch stehen im Programm Müntzers Momente sozialer Ordnung an erster Stelle.» [66]

DIE FÜRSTENPREDIGT

Dynamisches Vorwärtsdrängen, Ungeduld und leidenschaftlicher Eifer kennzeichnen Müntzers Reden, Schreiben und Agitieren. Dieser Mentalität entspricht durchaus seine Interpretation so wichtiger Schriftstellen wie das 13. Kapitel des Römerbriefs, in der das Verhältnis des Christen zur staatlichen Gewalt erörtert wird. Während Luther den Schwerpunkt in den einleitenden Versen 1 und 2 erblickt: «Jedermann sei untertan der Obrigkeit... Wer sich nun der Obrigkeit widersetzt, der widerstrebt Gottes Ordnung» – sieht Müntzer den Akzent auf die folgenden Verse 3 und 4 gesetzt. Danach ist die von Gott verordnete Obrigkeit dazu bestimmt, das Schwert gegen die Übeltäter zu führen. *Wenn sich das wird umkehren, so wird das Schwert von ihnen* (den Fürsten) *genommen werden und wird dem inbrünstigen* (wutentbrannten) *Volke gegeben werden zum Untergange der Gottlosen,* lasen wir im Brief an Kurfürst Friedrich vom 4. Oktober 1523. «Müntzer hatte damit aus demselben Römerbriefkapitel, das das traditionelle religiöse Argument für die gottgewollte Unterordnung unter die Obrigkeit war und auch den Ausgangspunkt für Luthers Staatslehre bildete, das revolutionäre Widerstandsrecht des Volkes interpretiert, das zugleich zu dem Gedanken der Souveränität des Volkes hinleitet. Denn ihm ‹zugut›, zu seinem Schutz, hat Gott den Fürsten das Schwert gegeben; kehren sie das Verhältnis um, werden sie gewissermaßen vor Gott vertragsbrüchig; indem sie auf die Seite der Bösen und Gottlosen treten, so übergibt Gott das

Johann der Beständige, Kurfürst von Sachsen. Gemälde von Lucas Cranach d. Ä. (Ausschnitt). Dresden, Staatliche Gemäldegalerie

Schwert dem Volke direkt zur Bekämpfung der Gottlosen und damit auch der Fürsten.» [67]

So haben beide Theologen aus ein und derselben Bibelstelle zwei prinzipiell unterschiedliche Interpretationen geliefert und damit ihre ebenso gegensätzliche sozialethische Entscheidung motiviert.

Im Sommer 1524 entschließt sich Herzog Johann, Bruder und Mitregent des sächsischen Kurfürsten Friedrich, den Allstedter Seelwarter zu hören, von ihm näheren Aufschluß zu erhalten und zu diesem Zweck in das Allstedter Schloß zu kommen, wo Müntzer die ohnedies überfällige «Probepredigt» nachholen soll. Das geschieht auch. Am 13. Juli 1524 sind der Herzog sowie der Kurprinz Johann Friedrich Müntzers erlauchte Hörer der *Fürstenpredigt*. Einige kursächsische Hofbeamte, der Schösser Hans Zeiß, Bürgermeister und Magistrat von Allstedt sind ebenfalls dabei.

Bemerkenswerterweise legt der Prediger seiner Ansprache nicht etwa die Stelle im Römerbrief zugrunde, um seine Intentionen gegenüber denen Luthers klar abzugrenzen, sondern das 2. Kapitel aus dem Propheten Daniel. Dort wird von dem Traum des babylonischen Königs Nebukadnezar berichtet, wobei sich der junge Daniel als Traumdeuter bewährt, indem er den erschreckten Herrscher mit Jahves Geschichtshandeln bekanntmacht, das Vergehen der Weltreiche vor Augen führt und die Heraufkunft eines neuen Reiches ankündigt. Schon allein die Geschichtsvision Daniels mußte einen Mann wie Müntzer reizen, denn sie bietet einem «Theologen der Revolution» die besondere Möglichkeit zu einer situationsbezogenen Auslegung. Es gilt nicht etwa nur Vergangenes zu aktualisieren, sondern das in der Gegenwart noch verborgene Zukünftige mit dem Schlüssel des prophetischen Wortes aufzuschließen. Es versteht sich, daß von Müntzer nicht etwa eine historische Exegese zu erwarten ist. Unter seinen Händen muß notgedrungen ein Bild von dem entstehen, was der grimmige Gott heute vorhat und wie sich sein Plan auf die Gottlosen dieser Zeit richtet. Von den Prager Aufrufen her ist zu erwarten, daß die situationsbezogene Predigt zugleich eine politisch verbindliche Predigt ist – nicht eine in der Betrachtung steckenbleibende Erwägung, sondern ein Appell zum Engagement. Denn grundsätzlich wendet sich Müntzer mit seinen «Protestationen» nicht nur an die Angehörigen einer einzigen gesellschaftlichen Klasse, so nahe ihm die Brüder im *gemeinen Volk* am Herzen liegen. Auch die bisherigen Herren sind aufgefordert, Mitglieder im Bund der Auserwählten zu werden und den Status des Herren mit dem des Bruders zu vertauschen.

Dieser Gesichtspunkt ist für eine gerechte Beurteilung Müntzers im vornherein von besonderer Wichtigkeit. Trotz der Radikalität seiner aus der Heiligen Schrift erhobenen Forderungen nach Durchsetzung der Gerechtigkeit Gottes im Zusammenleben der Menschen kann Müntzer nicht einfach als der Mordbrenner oder als der «aufrührerische Geist» hingestellt werden, wie dies seinen Gegnern offenbar gelungen ist. Müntzer unterscheidet sehr wohl zwischen einer tyrannischen Obrigkeit einschließlich ihrer Beamten und Gefolgsleuten, die auf Grund der göttlichen Weisung abgesetzt und vernichtet werden müssen, und einer Obrigkeit, die dem Evangelium zuneigt und die Müntzer für Gottes Werk gewinnen muß. Es bedeutet daher für ihn keinen unstatthaften Kompromiß, daß sich der Allstedter Pfarrer herbeiläßt, seinen Landesherren zu predigen. Müntzers Verständnis von Obrigkeit ist es, das ihm eine gewisse Hoffnung gibt, in den Vertretern der Macht den Partner und Bundesgenossen im Kampf gegen das Unrecht zu sehen. Gerade wenn man sich die vom Eifer durchglühte Mentalität Müntzers vor Augen führt, ist die außergewöhnliche und bewundernswürdige Geduld nicht zu übersehen, mit der er um die Mitarbeit der Fürsten seines Landes gerungen hat. Darin muß er auch die spezielle Aufgabe eines evangelischen Predigers gesehen haben: die Gewissen zu schärfen, Bewußtsein zu bilden für den zu erfüllenden Auftrag und schließlich den Willen der Menschen in die vom Evangelium gewiesenen Bahnen zu lenken. Dazu – dessen war sich Müntzer deutlich bewußt – bedurfte es eines Menschen, der über die dafür nötigen Qualitäten verfügt. Manfred Bensing hat durchaus Recht, wenn er «die innere Läuterung des Menschen als Hauptinhalt der revolutionären Wirksamkeit Thomas Müntzers» bezeichnet.[68]

Im Rückgriff auf das dynamische Menschenbild der Mystik hat Müntzer den von ihm einzuleitenden Prozeß die *Entgröberung* genannt. Der Mensch, insofern er der Wandlung seines ganzen Wesens bedarf, ist Gegenstand und Ziel der Revolution geworden. Freilich nicht nur der einzelne für sich, sondern immer auch als verantwortliches Glied der menschlichen Gemeinschaft, deren letztes und eigentliches Gegenüber Gott ist, von dem her und auf den hin alle Revolution erst ihre Sinngebung erfährt. Diese auf Menschenbildung hin ausgerichtete Bemühung Müntzers ist bis in den Hochsommer 1524 hinein nachweisbar, vor allem in den Briefen aus den Julitagen dieses Jahres. «Daß Müntzer bis zum Sommer 1524 der inneren Läuterung des Volkes gegenüber praktisch-revolutionären Maßnahmen den Vorrang gab, spricht für seine Überzeugung, daß die einfachen Menschen in der Mehrheit der ‹Erfahrung des Gesetzes und Gewissens› noch nicht teilhaftig waren und deshalb auch nicht zu Vollstreckern des Gesetzes nach außen werden konnten.»[69] Bestandteil dieses vor-revolutionären, erzieherischen Schaffens war, wie wir gesehen haben, die liturgische Betätigung und die individuelle Seelsorge, die er sehr ernst nahm, *nachdem die Seelsorge mich mit vielen Leuten erbsalig* (mühselig) *gemacht hat*... *Es ist eine solche Arbeit jetzt, mit Leuten umzugehen wie einer Mutter mit ihren Kindern im Unflat*, schreibt er in einem (undatierten und nicht lokalisierbaren) Brief an Jeori. *Unterrichtung des Glaubens ist nicht eine Arbeit eines* (einzigen) *Tags*.[70] Der sonst so Ungeduldige hatte eine große Geduldsprobe zu bestehen.

Nun sind die Landesväter seine Predigthörer. Ihnen klagt er, *daß der armen elenden, zerfallenden Christenheit weder zu raten noch zu helfen ist*. Ein Heilmittel gibt es jedoch, nicht die gewaltsame Veränderung der Strukturen oder der bestehenden Herrschaftsverhältnisse, wie man es von Müntzer erwarten könnte, sondern *daß die fleißigen, unverdrossenen Gottesfreunde täglich die Bibel treiben mit* (liturgischem) *Singen, Lesen und Predigen*[71]. Müntzer schildert die Situation der Christenheit. Sie ist seiner Meinung nach jetzt *viel höher verstocket* denn je, nicht zuletzt deshalb, weil *gedichtete Heiligkeit* der heuchlerischen Feinde Gottes den Anschein erweckt, die

Kirche sei in Ordnung. Daß gerade das nicht der Fall ist, versucht Müntzer immer wieder nachzuweisen, indem er die Aufmerksamkeit auf das Versagen der *faulen, nachlässigen Diener derselbigen Kirche* lenkt. Sie haben aus Selbstsucht und Eigennutz gehandelt. Seit den Tagen der Apostelschüler ist das Gebäude dieser Kirche baufällig. Jene *reißenden Wölfe* sind über die *Schafe* hergefallen. Und wie steht es mit dem Herrn der Kirche? *Vor den großen Titeln und Namen dieser Welt scheinet* (Christus) *wie ein Hanfpotze* (Vogelscheuche) *oder gemalts Männlein.*[72] Nicht genug des Schadens. *Sie haben den Geist Christi für einen Spottvogel gehalten und tun es noch ... Sie haben die Schafe Christi der rechten Stimme* (ihres Hirten) *beraubt und haben den wahren gekreuzigten Christus zum lauteren phantastischen Götzen gemacht.*

Eines der Grundübel der Zeit besteht darin, daß man zwar viel vom Bibelbuchstaben spricht, aber der Offenbarung Gottes, die h e u t e geschieht, nicht gewärtig ist, indem man *rechte Gesichte* und seine direkte Anrede verachtet. Und ausgerechnet diejenigen *Schriftgelehrten*, die öffentlich die *Offenbarung Gottes leugnen*, erheben den Anspruch, Lehrmeister der Schrift zu sein. Die reale Geist-Erfahrung ist ihnen verdächtig. Sie können nichts mit ihr anfangen. *Was ihrem unerfahrenem Verstande nicht gemäß ist, das muß ihnen alsbald vom Teufel sein ... Sie können hübsch vom Glauben schwatzen und einen trunkenen Glauben einbrauen den armen verwirrten Gewissen.*[73]

Was meint Müntzer, wenn er vom *trunkenen Glauben* spricht? Seine Antwort zielt auf die Erkenntnisfunktion (Gnosis) des Glaubens hin. Er duldet keine künstliche Trennung zwischen dem, was man wissen kann, und dem, was zu glauben ist. Glaube, wie er ihn versteht, hat eine Erkenntnisqualität. *Drum ist das in Kürze die erstliche Meinung: Wir müssen wissen und nicht allein in den Wind glauben, was uns von Gott gegeben sei oder vom Teufel oder Natur.*[74] Was Müntzer in diesem Abschnitt seiner *Fürstenpredigt* vorträgt, ist ein Hinweis auf die Grundlagen eines spirituellen Bibelverständnisses, das einerseits die *ganz verfluchten und vergifteten Mönchsträume*, also krankhafte visionäre Elemente, andererseits eine *gestohlene Schrift* vermeiden will. Müntzers Weg verläuft demnach zwischen den Extremen eines visionären Illusionismus auf der einen und einem am bloßen Buchstabensinn haftenden Rationalismus auf der anderen Seite. Was er unter *innerlichem Hören* versteht, entspricht einer gesteigerten Aufmerksamkeit auf das «Wort in den Wörtern», auf jenes Wort, das *im Abgrund der Seele* vernommen wird. Müntzer meint damit eine seelisch-geistige Erfahrung, die mit dem Buchstabensinn nicht schon ein für allemal gegeben ist, sondern die geübt und die im gewissen Sinne erlitten werden muß. *Und welcher Mensch dieses nicht gewahr und empfindlich worden ist*

> **Außlegung des anderen unter-**
> **schyds Danielis deß pro-**
> pheten gepredigt auffm schlos zu
> Alstet vor den tetigen thewren
> Herzcogen vnd vorstehern zu
> Sachssen durch Thomā
> Müntzer Diener des
> wordt gottes.
>
> **Alstedt**
>
> **M. D. XXiiij.**

Das Titelblatt von Müntzers «Fürstenpredigt». Allstedt, 1524

durch das lebendige Gezeugnis Gottes, Röm. 8, der weiß von Gott nichts gründlich zu sagen, wenn er gleich hunderttausend Bibeln hätt gefressen. Daraus mag ein jeglicher wohl ermessen, wie fern die Welt noch vom Christenglauben sei. Noch will niemand sehen oder hören.[75] Das heißt: Noch will niemand an jener unmittelbaren Erfahrung teilhaben, die dadurch erlangt wird, daß der Mensch der göttlichen Anrede und Zusprache standhält. Daß Müntzers Bibel-Hermeneutik eine rein rationale Bemühung weit übersteigt, geht aus dem weiteren Zusammenhang hervor, in dem er auf anthropologische und ethische Bezüge aufmerksam macht.[76] *Bruder Mastschwein und Bruder Sanftleben* – Müntzers Titulatur für Martin Luther – will nichts von einer solchen Schriftauslegung wissen. Von ihm weiß er sich diametral geschieden, obwohl Luther um die enge Zusammengehörigkeit von Geist und Buchstabe gewußt hat: «Christus der Meister, lehre im Herzen, doch durch das äußerliche Wort seiner Prediger, die es in die Ohren treiben, aber Christus treibts in das Herz.»[77] Die claritas externa (die Klarheit des äußeren Schriftsinnes) bedarf der Ergänzung durch die claritas interna (die innere Klarheit). Das sogenannte testimonium spiritus sancti internum (das innere Zeugnis des heiligen Geistes) gab Luther nicht preis. Dennoch kam es zwischen beiden Antipoden zu keiner Verständigung, und zwar ebensowenig wie zwischen Luther und dem «Spiritualisten» Karlstadt, der Müntzer nahestand.

Doch die Erörterung dieses Fragenkomplexes kann für Müntzer nur ein Präludium sein. Sein Thema ist auch in der *Fürstenpredigt* die Veränderung. Er findet im Buch Daniel: *Denn so die Christenheit nicht sollte apostolisch werden, Acta 2, 16 f, da Joel vorgetragen wird, warum sollte man dann predigen? Wozu dienet dann, daß in der Bibel von Gesichten die Rede ist? Es ist wahr und* (ich) *weiß fürwahr, daß der Geist Gottes j e t z t vielen auserwählten, frommen Menschen offenbart,* (daß eine) *treffliche, unüberwindliche, zukünftige Reformation von großen Nöten ist, und es muß vollführet werden.*[78]

Noch gilt, was im Buch Daniel von dem Wechsel der Geschichtsepochen und den vergehenden Weltreichen geschrieben steht. Dies ist Müntzers Überzeugung. Deshalb sein Pochen auf das J e t z t in seiner Deutung der alttestamentlichen Schriftstelle. Auf Grund der Erfahrung, die es dem Auserwählten (das ist der Geistoffene, Geistbegabte) ermöglicht, sowohl die tatsächliche Situation der *armen, elenden, zerfallenden Christenheit* als auch die Notwendigkeit jener bei Daniel geweissagten Veränderung und der von Müntzer geforderten *künftigen Reformation* einzusehen, sind praktische Folgerungen zu ziehen, die der Prediger seinen Landesherren so nahelegt: *Darum ihr allerteuersten, liebsten Regenten, lernt euer Urteil* (Erkenntnis) *recht aus dem Munde Gottes und laßt euch* (durch) *eure heuchlerischen Pfaffen nicht verführen mit gedichteter Geduld und Güte aufhalten. Denn der Stein, ohne Hände vom Berge gerissen, ist groß geworden. Die armen Laien und Bauern sehen ihn viel schärfer an als ihr.*[79]

Was lawinenartig auf die ganze Gesellschaft herabstürzt – auch Luther ist sich einer solchen bevorstehenden Gefahr für Volk und Land bewußt –, kommt mit der Unberechenbarkeit einer Naturgewalt. Aber die kleinen Leute, die nicht nur unter wirtschaftlicher Pression ihr Leben fristen, sondern auch in geistig-geistlicher Abhängigkeit gehalten werden, sind die ersten, die das herannahende Unheil trifft. Noch vermag keine Zunge das Ausmaß der Gefahr auszusagen. *Drum muß ein neuer Daniel,* also ein prophetisch Begabter, *aufstehen und euch eure Offenbarung auslegen.* Gott redet demnach in der Zeit zu vielen. Eine deutende Analyse dessen, was der Geist *im Abgrund der Seele* offenbart, in Träumen und Gesichten redet, vermag nur ein Charismatiker zu geben, ein *neuer Daniel* oder (an anderem Ort) ein neuer Johannes der Täufer. Kein Zweifel, Müntzer deutet auf sich. Selbst Luther hat ihm dieses Prophetentum trotz schärfstem Widerspruch seiner Aussagen bestätigt.

Vom Geld ist die Rede, von wem noch?

[92] *Man sieht, daß die Menschen verschieden vorgehen ...*

... um zu dem Ziel zu kommen, das ihnen vorschwebt, nämlich zu Ruhm und Reichtum; der eine geht mit Zurückhaltung vor, der andere feurig, ein dritter braucht Gewalt, wieder ein anderer List, ein weiterer wendet Geduld an, ein anderer das Gegenteil davon; man kann also mit den verschiedensten Mitteln zum Ziel kommen. – Das schrieb ein Mann, der es zu einigem Ruhm, nicht aber zu Reichtum brachte. Er wurde in Florenz geboren. Sein Vater, ein Jurist, vererbte ihm etwas Grundbesitz, der etwa 5000 Mark jährlich einbrachte, zu wenig für ein sorgloses Leben. Mit 25 Jahren trat er deshalb in den öffentlichen Dienst; er wurde Angestellter in der Staatskanzlei der gerade erst gegründeten Republik Florenz. Später wurde er Sekretär der Kanzlei, eine Art Vizekanzler, und blieb es vierzehn Jahre lang, bis zum Ende der Republik. In diplomatischer Mission bereiste er Deutschland, Frankreich, die Schweiz und besuchte den Vatikan.

Nach dem Ende der Republik gelang es ihm nicht, die Gunst der neuen Herrscher zu erlangen; als 43jähriger wurde er unfreiwillig aufs Altenteil gesetzt und lebte nun bis zu seinem Lebensende in recht armen Verhältnissen. Der mittelgroße, schwarzhaarige Mann mit dem kleinen Kopf und der Adlernase war aber zeitlebens von so fieberhafter Aktivität, daß er die erzwungene Arbeitsruhe nicht ertrug. Er schrieb nun Gedichte und Komödien, hatte allerlei Frauen-Affären, führte mit einem Historiker einen leidlich obszönen Briefwechsel und verfaßte Werke, die (zum Teil erst nach seinem Tode gedruckt) zu Klassikern der Staatswissenschaften wurden. Aus seinem Namen wurde ein -ismus. Im Alter von 58 Jahren starb er in Florenz. Von wem war die Rede?

(Alphabetische Lösung: 13–1–3–8–9–1–22–5–12–12–9)

Pfandbrief und Kommunalobligation

Meistgekaufte deutsche Wertpapiere - hoher Zinsertrag - bei allen Banken und Sparkassen

Verbriefte Sicherheit

Nun reiht Müntzer Beleg an Beleg, wonach die Schrift des Alten und des Neuen Testaments die revolutionäre Tat nicht nur erlaubt, sondern geradezu als Gehorsamspflicht gebietet. Hier leitet der Prediger von den theologisch-hermeneutischen Erwägungen über zum direkten Appell an die Verantwortung der Fürsten. *Sollt ihr nun rechte Fürsten sein, so müßt ihr das Regiment bei der Wurzel anheben und wie Christus befohlen hat. Treibt seine Feinde von den Auserwählten, denn ihr seid die Mittler dazu. Liebe, gebt uns keine schale Fratzen vor, daß die Kraft Gottes es tun soll ohne euer Zutun des Schwertes, es möchte euch sonst in der Scheide verrosten.*³⁰

Die Zeit passiver Neutralität und des geduldigen Zuwartens ist damit zu Ende. Die Männer, die als Vertreter der staatlichen Gewalt vor Müntzer sitzen, dürfen nicht länger feiern. Nun führt er auch seine Deutung des problematischen 13. Römerbrief-Kapitels ins Feld. Das Schwert der Obrigkeit muß es tun. *Die Gottlosen haben kein Recht zu leben.* Und die Reformation der Kirche muß durch eine eschatologische Tat vollzogen werden. *Anders mag die christliche Kirche zu ihrem Ursprung nicht wiederkommen. Man muß das Unkraut ausraufen aus dem Weingarten Gottes in der Zeit der Ernte, dann wird der schöne rote Weizen beständige Wurzeln gewinnen und recht aufgehn, Matth. 13. Die Engel aber, welche ihre Sicheln dazu schärfen, sind die ernsten Knechte Gottes, die den Eifer göttlicher Weisheit vollführen.*⁸¹ Nun besteht kein Zweifel mehr: «Müntzer will die Revolution, nicht die Evolution ‹ohne Hand›, wie sie Luther und die Seinen predigen. Das Kurfürstentum Sachsen ist der Hort des Neuen, Müntzer will es zum Zentrum der revolutionären Bewegung für ganz Deutschland machen. Der Sturz der alten Kirche soll nicht dem ‹Wort› allein überlassen bleiben, und aus ihrem gewaltsamen Sturz soll eine wirkliche gesellschaftliche Neuordnung entstehen. Darum verlangt das göttliche Gesetz, ‹daß man die gottlosen Regenten, sonderlich Pfaffen und Mönche töten soll, die uns das heilige Evangelium Ketzerei schelten›.»⁸² Im Klartext heißt das auch: Luther ans Messer. Die geschärften Sicheln der Engel Gottes sind speziell für Leute wie ihn gewetzt.

So schließt die *Fürstenpredigt* über das 2. Buch Daniel mit der rückhaltlosen Aufforderung zur raschen und bedingungslosen Tat: *Seid nur keck!* Wie mag aber das Wort des Allstedter Seelwarters aufgenommen worden sein? Wir wissen es nicht. Ob sich im Schweigen der Dokumente die schweigende Betroffenheit der Hörer spiegelt? Betroffenheit über «die dämonische Fürstenpredigt» (Bloch)? Noch herrscht Ruhe vor dem Sturm. Spätestens jetzt wissen die Fürsten, woran sie mit dem Feuergeist von Allstedt sind.

DIE BUNDESPREDIGT

Die Briefe Müntzers aus den Juli-Tagen des Jahres 1524 informieren uns über die weitere Entwicklung der Vorgänge, deren Mittelpunkt Müntzer ist.

In kurz vergangener Zeit hab ich gepredigt, begann er sein Schreiben vom 25. Juli an den Schösser Zeiß. Aber diesmal war es nicht eine Exklusivpredigt vor einem erlauchten Publikum wie dem der *Fürstenpredigt*, sondern es war der große Kreis der Allstedter Gemeinde, in dem sich immer wieder auch Flüchtlinge, Opfer der Fürstenwillkür, eingefunden hatten. Manchmal sollen an die 2000 Zuhörer zu Müntzers Füßen gesessen haben. Da war der Feuergeist in seinem Element. Sein Thema war durch einen Text aus den Büchern der Könige (II, 22 und 23) bestimmt – dort, wo von der Wiederauffindung des Gesetzbuches berichtet wird. Der Hohepriester Hilkia hatte die lang verschollene Buchrolle im Tempel von Jerusalem entdeckt. In tiefer Betroffenheit nahm König Josia davon Kenntnis – «da aber der König hörte die Worte im Gesetzbuch, zerriß er seine Kleider» (22, 11) – und erneuerte den Bund Juda-Israel mit seinem Gott: «Und der König trat an die Säule und machte einen Bund vor dem Herrn, daß sie sollten wandeln dem Herrn nach, und halten seine Gebote, Zeugnisse und Rechte von ganzem Herzen und von ganzer Seele, daß sie aufrichteten die Worte dieses Bundes, die geschrieben standen in diesem Buch. Und alles Volk trat in den Bund» (Könige II, 23, 3).

Müntzers Predigttext ist uns verlorengegangen. Wir müssen uns also mit den wenigen Andeutungen begnügen, die im Brief an Hans Zeiß gemacht werden. Die die Existenz des alten Zwölf-Stämme-Volkes garantierende Bedeutung des Bündnisses mit Israel ist bekannt. Müntzer maß seinem Bündnis, zu dem sich einige Hundert entschlossene Männer bekannten, eine ähnliche Bedeutung bei. So wie das am Sinai geschlossene, mit der Gesetzgebung verknüpfte Bündnis zwischen Gott und Menschheit die Volkwerdung Israels garantierte, sollte es sich mit dem Bündnis der Auserwählten verhalten, die in revolutionärer Entschlossenheit dazu angetreten waren, die Sache Gottes zu verfechten. Die Wahl des Textes aus den Büchern der Könige ist (laut Carl Hinrichs) ein Hinweis darauf, daß Müntzer immer noch an eine praktikable Möglichkeit glaubte, die sächsischen Landesväter für seinen Revolutionsbund zu gewinnen. Der Ton hatte sich jedoch gewandelt, wenn man die *Fürstenpredigt* zum Vergleich heranzieht. An die Stelle der werbenden, bittenden, beschwörenden Worte sind Kritik, Vorwürfe und offener Tadel getreten; sei es weil die Gemeinten nicht zuhörten, sei es, weil innerhalb weniger Wochen eine merkliche Verschärfung der Lage eingetreten war. Zweifellos wollte Müntzer das zum Ausdruck bringen. Er konnte damit rechnen, daß der Inhalt seiner Predigt dem kursächsischen Hof bekannt wurde. Um sich dessen zu versichern, schrieb er dem Schösser als dem zuständigen Vertreter des Landesherrn.

Um was ging es? – *Ehe die Christenheit ihr Blut wage gegen die Wüteriche des rechten Glaubens, wird ihr viel höher von nöten sein, daß sie zu Herzen nehme mit vorgewandtem Fleiß, daß sie (zu)vorkomme dem allerärgsten Greuel, der sich mit dem Christenglauben meisterlich fetzen kann, Lukas 5. Darum wollte ich, daß unsere Landesfürsten nicht also hoch bei ihnen eingetan wären* (d. h. nicht allzu hoch von sich denken) *in dieser Sache... Ist es doch offenbarlich am Tage, daß die gottlosen Regenten den Frieden des Landes selber aufheben, stocken und blochen* (hart bestrafen) *die Leute um des Evangeliums willen, und es schweigen unsere Fürsten dazu ganz und gar stille. Meinen, die Sache habe keinen Mangel, nachdem sie vielleicht durch die ungetreuen Schriftgelehrten verführt sind. Bedenken auch nicht, daß die Christenheit noch zur Zeit ungeschickt* (ist) *ihr Blut um des Glaubens willen zu vergießen.* Jene langsame Erziehungsarbeit und jener Bewußtmachungsprozeß war nach Müntzers Einsicht noch so wenig vorangeschritten, daß das Volk angesichts der Bedrängnis durch die *Wüteriche* bei weitem überfordert worden wäre. Ja, *sie* (die Christenheit) *klebet also hart an dem Kreatürlichen* (am Menschlich-Allzumenschlichen), *daß sich über dem allen Hader und Zank erregt und daß ein jeder all seinen Witz* (gesunden Menschenverstand) *verzehrt hat, daß er auch ist wie ein Eichenblock, wenn ihm von Gott* (etwas) *gesagt wird.*[83] Das in seiner intellektuellen, vor allem aber in seinem moralischen Vermögen überforderte Volk darf nicht allein gelassen werden. Faktisch ist dies aber durch die Verantwortlichen in der Regierung und ihre *ungetreuen Schriftgelehrten* bisher geschehen. Mehr noch: sie beschützen geradezu die Bösen, sorgen nicht für *rechte Priester in ihrem Fürstentum* und machen sich am Volke schuldig, indem sie durch ihre Passivität die Bedrängnis des kleinen Mannes vergrößern helfen.

Müntzer erkennt einen Wandel des menschlichen Bewußtseins, wenn er fortfährt: *Es ist eine mächtige große Frechheit, daß man sich auf den alten Gebrauch der* (fürstlichen) *Ämter will vertrösten, nachdem sich die ganze Welt also mächtig hochlich verwandelt hat.* Jener Wandel und Umbruch, der sich im Menschen und in aller Welt vollzogen hat und noch vollzieht, bedingt ein neues Amtsverständnis. Dies ist Müntzers Überzeugung. Es ist daher nicht damit getan, daß man lediglich auf den herkömmlichen *alten Gebrauch der Ämter* verweist, wie es allenthalben, auch durch die Reformatoren, geschieht. Müntzer muß sich noch nicht über die weitreichenden Konsequenzen klar gewesen sein, die sich für ihn als Theologen, Sozialethiker und als politischen Prediger aus dieser Feststellung ergaben.

Doch die Tatsache, daß alter Brauch einer kritischen Überprüfung standhalten muß, spricht für seinen Weitblick.

Müntzer verharrt nicht in der Pose des Kritikers, obwohl er nach dem Bericht des Hans Zeiß in der «Bundespredigt» gesagt haben soll, «er wolle öffentlicher Feind sein aller Tyrannen, die sich wider das Evangelium setzen, und man sehe öffentlich, daß sich etliche Herren wider das Evangelium und den christlichen Glauben setzen, denselben gern wollten austilgen», wobei er das Volk ermahnte, «sich zusammen zu verbinden», und «wo die Gewalt ihr Schwert zöge», dagegen auch mit dem Schwert zu rücken und es zu zeigen.[84] Nochmals schlägt Müntzer den Ton der dringenden Bitte und der aufrichtigen Beschwörung an: *Ich sage es euch bei der Liebe und Wahrheit Gottes, es ist unaussprechlich hoch vonnöten, daß ihr* (nämlich der Schösser) *dies den Landesfürsten mit großem Ernste vorhaltet und ohne alle Scheu getreulich entdecket und sie warnet, daß sie mit ihrer Nachlässigkeit ihr eigen Volk nicht scheu machen, sondern gedenken in der Zeit* (rechtzeitig) *allem Argen vorzukommen, dieweil ihnen das Volk noch vertraut. Ich sage es von ganz getreuem Herzen, wenn sie zu lange sich werden versäumen, so werden sie viel mehr verachtet werden denn die andern Fürsten... Dann würde es Mühe und Arbeit werden. Da würde das deutsche Land viel ärger werden denn eine Mordgrube...*[85]

So schreibt kein Lügenprophet und kein «aufrührerischer Geist». Gerade das wurde dem Seelwarter zu Allstedt vorgeworfen: sein Evangelium bestehe darin, «die Leute auf die Fleischbank zu opfern». Wenige Tage zuvor, als Müntzer einen neuen konkreten Anlaß hatte, den Unmündigen, Eingeschüchterten und Unterdrückten aus der Nachbarschaft seine Stimme zu leihen, wagte er jenen Satz, der die Gemüter derer in den Ratsstuben und an den Herrschaftshöfen erregte: *Nun sie aber nicht allein wider den Glauben, sondern auch wider ihr natürliches Recht handeln, so muß man sie erwürgen wie die Hunde! Und wenn ihr Amtleute in allen Pflegen das nicht werdet offenbarlich klagen, daß euer Nachbar* (Friedrich von Witzleben) *zu Schönwerda zuerst den gemeinen Frieden gebrochen hat und ein Räuber seiner eigenen Untersas-*

Darstellung der zu Beginn des 16. Jahrhunderts üblichen Strafen. Aus dem «Laienspiegel», Augsburg 1512

sen geworden ist, so werdet ihr in kurzer Zeit wohl sehen, wie es euch wird gehen! [86] Nicht allein dieses Wort der Anklage und der unverhüllten Drohung schrieb Müntzer nieder, sondern auch die herausfordernde, an die Menschlichkeit der Verantwortlichen gerichtete Frage: *Sollen wir uns die Tyrannen zu Freunden machen mit dem Geschrei der armen Leute?* [87]

Damit dies nicht geschehen mußte und damit auch im Blick auf das Schicksal des ganzen deutschen Landes Schlimmeres verhütet werden konnte, sollten die Amtleute als Hüter der Ordnung den Untertanen beistehen, nun aber nicht als die herrschende Schicht der beherrschten Schicht gegenüber, sondern als gleichberechtigte Brüder ein und desselben Bundes: *Es muß ein beschiedner Bund gemacht werden in solcher Gestalt, daß sich der gemeine Mann mit frommen Amtleuten verbinde allein um des Evangeliums willens.*[88] Müntzer wollte diese Aufforderung zum Bündnis nicht als einen taktischen Zug mißverstanden wissen. Es ist bemerkenswert, daß er die notwendige Entscheidung einer theologischen Selbstkritik zu unterziehen vermochte. Niemand, sagte er, setze sein ganzes Vertrauen auf ein menschliches Verhalten, das die politische Vernunft gebietet. Das

Das Schloß in Weimar: der Innenhof

Bündnis, wie es Müntzer vorschwebte, war eher ein Präventivmittel und eine Notwehr. Demgemäß sah er die Aufgabe des Bundes: *Er soll allein eine Drohung sein der Gottlosen, daß sie stille halten mit ihrem Wüten, bis daß die Auserwählten Gottes Kunst und Weisheit mit allem Gezeugnis ihnen zuständig erforschen mögen.*[89] Der Bund mit den Fürsten kann demnach nicht als eine Einrichtung betrachtet werden, die *um Erhaltung der Kreatur willen*, also aus wirtschaftlichen Gründen, eingegangen werden sollte. Müntzer strebte eine neue Gesellschaftsordnung an, in der die Polarität von Herrschenden und Untertanen zugunsten brüderlicher Gemeinschaft aufgelöst werden sollte. So schien ihm der Bund ein brauchbares Mittel für einen wichtigen Zweck zu sein.

Hans Zeiß kam der dringenden Bitte Müntzers nach und machte Herzog Johann mit dem Inhalt des Briefes, also auch mit dem Grundgedanken der Allstedter «Bundespredigt» bekannt. Er verband damit das Gesuch, den Seelwarter in einer öffentlichen Verantwortung zu hören und seine Lehre sorgfältig zu prüfen.

Der Bericht über die «Bundespredigt» verfehlte seine Wirkung bei den Vorgesetzten nicht. Die Reaktion Herzog Johanns (Kurfürst Friedrich überließ seinem Bruder gern die Initiative in derlei Sachen) bestand darin, Müntzer zu einem Glaubensverhör nach Weimar zu bestellen. Auch der Schösser Zeiß, der Stadtschultheiß Nickel Rückert und zwei Magistratsmitglieder waren geladen. Auf Grund des Protokolls über die am 1. August durchgeführte Vernehmung ergab sich folgendes Bild:

Zuerst wurde Müntzer vernommen. Es wurde ihm vorgehalten, er habe, wie dem Kurfürsten und dem Herzog berichtet worden sei, das Volk öffentlich dazu getrieben, Bündnisse wider die Gottlosen, wie er sie nenne, zu schließen, wobei er ausgeführt habe, daß solche Bündnisse in der Schrift begründet sein sollten. Herzog Johann glaube aber, daß das mit der Schrift nicht bekräftigt werden könne. Müntzer antwortete darauf, daß er dafür hielte, «sie möchten ein ziemlich [zulässig] Bündnis, damit ihnen ungewehret sein möchte, das Evangelium zu hören, wohl machen». Zeiß und die Allstedter kamen gesondert zu Wort. Sie hatten sich zu verantworten, weil sie die Mallerbacher Attentäter ungebührlich geschont hatten. Was den Bund betraf, erwies sich, daß nach der «Bundespredigt» Müntzers am 24. Juli der Rat samt der Bürgerschaft und den nach Allstedt geflüchteten Fremden dem Müntzerschen Bund beigetreten waren. Dazu heißt es: «Solchs ist unserm gnädigen Herrn fremde gewest, von den armen ungeschickten Leuten zu vernehmen und ist ihnen mit Ernst allerlei angezeigt und gesagt, sich des vermeinten Bündnisses zu entäußern... Sie wüßten, daß überall recht und rein gepredigt würde. Darum sie ja kein Ursache zu solchem Bündnis hätten.»[90]

Müntzer, der in Allstedt einen Drucker beschäftigt hatte, wurden weitere Publikationen verboten – ein Schritt, zu dem sich die Oberen genötigt sahen, nachdem sie selbst Müntzers Predigthörer gewesen waren, ohne ihm öffentlich widersprochen zu haben. Da Müntzer jedoch die *Fürstenpredigt* sogleich hatte drucken und verbreiten lassen, fühlten sich die sächsischen Landesväter, Herzog Johann und der Kurprinz, kompromittiert. Über das Ergebnis von Weimar scheint Müntzer jedoch nicht an Ort und Stelle informiert worden zu sein. Erst zwei Tage später, am 3. August, als ihn der Magistrat und der kurfürstliche Schösser auf das Allstedter Schloß gebeten hatten, erfuhr er Genaueres. *Als ich heimkam von der Verhörung zu Weimar, meinte ich zu predigen das ernste Wort Gottes. Da kamen meine Ratsherren und wollten mich den höchsten Feinden des Evangeliums überantworten ... Ich sah mit meinen sichtigen Augen, daß sie viel mehr ihre Eide und Pflichten denn Gottes Wort achteten.*[91] Sie, die Stadtregenten, zugleich Mitglieder in Müntzers Bund, die ihres Predigers Tat gebilligt, wenn nicht gefördert hatten, waren verpflichtet worden, diese Verbindung aufzulösen. Sie waren sogar gesonnen, dem Bund namens der ganzen Bürgerschaft den Rücken zu kehren. Das bedeutete Verrat. Müntzer, der es nicht an Anspielungen auf die Geschichte und das Schicksal Jesu fehlen ließ, nannte fortan den Bürgermeister Nickel Rückert einen *Erzjudas*. Mit einem Schlag war sein Werk ernstlich gefährdet, er selbst in seiner Existenz bedroht. Luther hatte in jenen Tagen eine Schmähschrift gegen seinen Allstedter Widerpart hinausgehen lassen. Das Publikationsverbot nahm Müntzer die Möglichkeit, dem Herausforderer rasch und mit gleicher Klinge zu erwidern. Wie sollte sich der in die Isolierung Gedrängte verhalten? Wie konnte er dem Volk gegenüber sein Gesicht wahren, nachdem er als Redner und Agitator des Bundes sogar die Fürsten herausgefordert und sich zum Anwalt der Bedrängten gemacht hatte? Sollte er für eine Weile oder für immer verstummen? Sollte er resignieren?[92] Auf jeden Fall war eine rasche, neue Entscheidung nötig. Wenige Tage nach den Verhandlungen vor dem Weimarer Hof und auf dem Allstedter Schloß stand Müntzers Entschluß fest: *Da ich das vernahm, war meines Bleibens nimmer. Ich wischte meine Schuhe von ihrem Staub ...*[93] Die Zeit der fruchtbaren Wirksamkeit des Liturgikers, Seelsorgers, des Predigers und des Bundesführers in Allstedt war zu Ende. Ein Neubeginn mußte gefunden werden.

«AUSGEDRÜCKTE ENTBLÖSSUNG DES FALSCHEN GLAUBENS»

In die Allstedter Zeit gehören zwei Schriften, die Carl Hinrichs den «politischen Schriften» Müntzers zurechnet: die *Ausgedrückte Entblößung des falschen Glaubens* und die gegen Luthers Verleumdung gerichtete *Hochverursachte Schutzrede wider das geistlose sanftlebende Fleisch zu Wittenberg, welches mit verkehrter Weise durch den Diebstahl der Heiligen Schrift die erbärmliche Christenheit also ganz jämmerlich besudelt hat.*

Ursprünglich sollte die *Ausgedrückte Entblößung* ein revolutionärer Kommentar des ganzen Lukas-Evangeliums werden. Der Verfasser kam aber über eine erklärende Einleitung nicht hinaus. Grundsätzlich wird die Thematik der *Fürstenpredigt* abgehandelt. Allerdings ist die Radikalität, mit der hier gefragt, angeklagt, gefordert wird, eher noch gesteigert. In der *Fürstenpredigt* hatte die Obrigkeit noch eine Chance, indem sie eingeladen, ja umworben war, dem Bündnis der Reformations- und der Revolutionswilligen als *Brüder* beizutreten. Das änderte sich jedoch innerhalb eines Zeitraums von weniger als vierzehn Tagen. Dies geht aus den beiden Leitworten des Propheten Jeremia hervor, die vorangestellt sind. In dem zweiten Vers heißt es programmatisch: «Eine eiserne Mauer wider Könige, Fürsten und Pfaffen und wider das Volk ist dargestellt [aufgerichtet]. Sie mögen streiten; der Sieg ist wunderlich zum Untergang der starken gottlosen Tyrannen.»[94] Im Buchtitel selbst ist Müntzers Vorhaben so angedeutet: *Liebe Gesellen, laßt uns auch das Loch weiter machen, auf daß alle Welt sehen und greifen möge, wer unsere großen Hansen sind, die Gott also lästerlich zum gemalten Männlein gemacht haben.*

Wie sieht nun diese Bloßlegung und Kampfansage aus? Einige kurze Proben sollen dies verdeutlichen.

Es kann nicht anders sein, der Mensch muß seinen gestohlnen, gedichteten Christenglauben zu Trümmern verstoßen durch mächtig hoch Herzeleid und schmerzliche Betrübnis und durch unausweichliches Verwundern. Da wird der Mensch sehr klein und sich vor seinen Augen verächtlich... Da kann er Gott erheben und groß machen und kann sich nach der herzlichen Betrübnis auch aus ganzem Herzen freuen in Gott seinem Heiland. Da muß das Große dem Kleinen weichen und vor ihm zuschanden werden. Ach, wüßten das die armen verworfenen Bauern, es wäre ihnen ganz nütze.

Gott verachtet die großen Hansen, alle die Herodes und Kaiphas, Hannas; und (er) nahm auf zu seinem Dienst die Kleinen, wie Maria, Zacharias und Elisabeth. Denn das ist Gottes Werk; er tut auf den heutigen Tag nichts anderes... O, liebe Freunde, es waren nicht große Köpfe mit prächtigen Titeln, wie jetzt die Kirche der Gottlosen hat, am 25. Psalm. Es wähnen viele arme, grobe Menschen, daß die großen, dicken feisten Pausbacken sollen gut Urteil (Erkenntnis) *über die Ankunft des Christenglaubens beschließen. Ach, Allerliebste, was sollen diese Leute doch urteilen, die uns die Bewegung des Glaubens leugnen und verachten alles, was wider sie strebt aufs allerschmählichste?* [95]

Was der Zeit nottut, das ist einer, der *im Geist des Elia* hervortritt und in der Lage ist, durch Verkündigung der *bitteren Wahrheit* die Kirche zu erneuern. Das kann nur *ein neuer Johannes* sein und das kann nur ein Volk sein, das *den heiligen Geist zum Schulmeister hat,* nämlich in dem Sinn, wie Müntzer es in all seinen Schriften und Predigten durchwegs darstellte. Die Summe dieses ersten Kapitels zog Müntzer selbst. Es handelte *von der Stärkung des Geists im Glauben.* Grundtatsache ist die Menschwerdung Christi. Alles liegt daran, *daß wir ihm gleichförmig in seinem Leiden und Leben werden durch Umschattung des heiligen Geistes.* Dieser Geist wird nach Christi Worten aus der Bergpredigt des Matthäus-Evangeliums *allein den armgeistigen, die ihren Unglauben erkennen, gegeben*[96]. Diese Feststellung sah Müntzer im Lukas-Evangelium bestätigt, wo die Lobgesänge des Priesters Zacharias (Benediktus) und der Maria (Magnifikat) stehen. Es versteht sich, daß auf Müntzer jene Verse am meisten Eindruck gemacht haben müssen, wo es heißt: «Er übet Gewalt mit seinem Arm und zerstreuet, die hoffärtig sind in ihres Herzens Sinn. Er stößt die Gewaltigen vom Stuhl und erhebt die Niedrigen. Die Hungrigen füllet er mit Gütern und läßt die Reichen leer» (Luk. 1, 51–53). Man muß sich nur auch hier vergegenwärtigen, daß der Seelwarter von Allstedt bei der Sache seines Amtes blieb. Es war nicht nur eine mystisch-theologische Terminologie, in die er seine revolutionäre Agitation kleidete, sondern die Impulse kamen aus einer religiösen Erfahrung und aus einer ebenso motivierten Legitimation. *Wer Gott nicht recht fürchtet, kann auch von Tag zu Tag nicht erneuert werden in der Erkenntnis Gottes, welche ihm doch vonnöten ist, zu vernehmen den Glauben und das Werk Gottes in ihm.*[97]

DER BAUER STEHT AUF

Dem deutschen Bauerntum des 16. Jahrhunderts hat sich die uralte germanische Rechtsauffassung ungebrochen vererbt. Sie basierte auf der Freiheit. Die Weltordnung war Ausdruck des Rechts. Für die Wahrung und Sicherung dieses Rechts hatten der Staat und seine Repräsentanten zu sorgen. Dieses nicht kodifizierte, von Ort zu Ort eigengeprägte Recht widersetzte sich naturgemäß einer Vereinheitlichung. Gerade danach aber strebten die Fürsten, die darauf bedacht waren, ihre Machtbereiche abzurunden. Sie legten dabei das seit einem Jahrtausend in seiner Struktur fixierte Römische Recht zugrunde. Der an die überkommenen Rechtsvorstellungen gewöhnte Bauer aber mußte in dem «fremden» Recht geradezu die Verkörperung des Un-Rechts sehen. Wer sich für die Anwendung des Fremdrechts der römischen Juristen einsetzte (Fürsten und die grundbesitzende Geistlichkeit), löste – in den Augen der Bauern – die ewige Ordnung Gottes auf. Der Kampf um das überkommene Recht war demnach eine heilige Verpflichtung. Der Zusammenstoß mit den Inhabern von Besitz und Macht, von weltlicher und geistlicher Autorität, war unvermeidlich. Die Willkür der Grundherren schreckte vor Verschärfung der Frondienste und der Leibeigenschaft nicht zurück. Durch Bauernbünde versuchten die Unterdrückten ihr Schicksal zu wenden.

In den Jahren 1513 bis 1517 überschwemmt eine Unruhewelle den gesamten oberdeutschen Raum. Er reicht von der ungarisch-türkischen Grenze bis zu den Vogesen im Westen, im Norden umschließt er Franken, das Land beiderseits des Mains. Die Bewohner ganzer Landstriche vereinigen sich, während die vorausgegangenen Aufstände mehr auf lokaler Ebene ausgetragen worden sind. Die oberrheinischen Bauern entrollen die Fahne des Bundschuh, die Württemberger rotten sich im Zeichen des Armen Konrad zusammen. Sie erheben bereits Forderungen, die im späteren Bauernkrieg Mitte der zwanziger Jahre laut werden. Ein einheitliches Programm fehlt jedoch. Aus den Bauernhaufen ragen einzelne Anführer heraus. Der Führer, der es vermocht hätte, alle unter einer Fahne zu einen, fehlt. Auf das alte Recht und den jeweils überkommenen Brauch berufen sich alle Aufständischen.

Günther Franz, der Historiker des Bauernkriegs, stellt fest: «Nur in dem zähen und starren Festhalten an den überlieferten Gebräuchen und Rechten glaubten sie, ihre Selbstverwaltung retten und die gesteigerten Ansprüche ihrer Herren abwehren zu können. Sie wandten sich daher vor allem gegen die Landesherrschaft, die in der Gerichtsherrschaft wurzelte.» Eine völlige Aufhebung der Leibeigenschaft oder der Abgaben an die Grundherren versuchen sie zu diesem Zeitpunkt nicht durchzusetzen. «Sie wandten sich nur gegen die widerrechtliche Herabdrückung Freier oder Höriger in die Leibeigenschaft und gegen die Verschlechterung des Besitzrechtes und die Erhöhung der Lasten... Dem Staate gegenüber klagten die Bauern über die neuen Steuern und Zölle, vor allem über die indirekte Steuer.»[98] Da ihnen das Römische Recht fremd war und die höfischen Gerichte samt deren Amtleuten suspekt erscheinen mußten, verlangten sie, ihre Beamten und Vögte selbst wählen zu dürfen. Dabei spielte das Religiöse eine wichtige Rolle. Auf ihn, den göttlichen Richter und seine Gerechtigkeit, meinten sie sich in erster

Linie berufen zu können. Kirchenreformerische Bestrebungen der Bauern kamen noch hinzu. Neu war die Losung von der göttlichen Gerechtigkeit nicht. Bei John Wyclif und bei Jan Hus wie auch beim unbekannten Verfasser der «Reformatio Sigismundi» und den hussitischen Fanatikern war die Gottesgerechtigkeit entscheidend. Und eben in dem Augenblick, da sich in den ersten Jahrzehnten des 16. Jahrhunderts die gesellschaftliche Unruhe ausbreitete und von Süddeutschland auf Mittel- und Norddeutschland übergriff, betete der Erfurter bzw. Wittenberger Augustiner Martin Luther: «In iustitia tua libera me – In deiner Gerechtigkeit, Gott, befreie mich!» Sein Ringen um den «gnädigen Gott» hatte Luther zu der reformatorischen Erkenntnis geführt, daß der Mensch diese Gerechtigkeit gar nicht schaffen könne, wie der sich zermarternde Mönch als gehorsamer Sohn seiner Kirche ursprünglich gemeint hatte, sondern daß der gnädige Gott «sola gratia, sola fide» (allein aus Gnaden, allein durch den Glauben) Gerechtigkeit zurechne.

Luthers Problem war im Ansatz rein theologisch. Er meinte nur den «gnädigen Gott» und die «Gerechtigkeit, die vor Gott gilt», und nicht den «gnädigen Nächsten» und das Recht, das die unterdrückten Stände verlangen mußten. Später berief er sich immer wieder darauf, in erster Linie «Doktor der Heiligen Schrift» zu sein, dem es auferlegt ist, seinen Studenten und Predigthörern den Willen Gottes aus der Schrift, vornehmlich aus dem Römer- und Galaterbrief zu sagen, wo sich die Kardinalstellen für die reformatorische Rechtfertigungslehre finden. Theologisch waren Luthers 95 Thesen wider den Ablaßhandel (1517) motiviert, ebenso die programmatischen Hauptschriften von 1520: «An den christlichen Adel deutscher Nation», «Von der babylonischen Gefangenschaft der Kirche» und «Von der Freiheit eines Christenmenschen». Zwar war die soziale Frage nicht im vornherein völlig ausgeschlossen, aber Luthers Verständnis gesellschaftlich-politischer Ordnung und seine Einschätzung der «von Gott verordneten Obrigkeit» bestimmte seine vielgerügte zwiespältige Haltung dem Bauern gegenüber. Der Reformator, der selbst einem Bauerngeschlecht entstammte, verschloß sich dem Anliegen der Bauern nicht grundsätzlich. Als Vorkämpfer für das «allgemeine Priestertum aller Gläubigen» mußte er auch dem geringen Mann soviel Mündigkeit zugestehen, «zu dem göttlichen Wort zu laufen und sich des berichten zu lassen». Für sie, alle die Ungelehrten, übersetzte er schließlich die Bibel. Ihnen gab er damit in der Volkssprache das Buch in die Hand, das ihnen die Meßpfaffen vorenthalten hatten. Ihnen dachte er das erste Buch der Glaubensunterweisung, den «Klei-

«Der Bundschuh».
Titelblatt einer Flugschrift gegen die aufrührerischen Bauern, 1514

Der Bundtschu
Disz biechlein sagt von dem bösen fürnemen der Bundtschuher/ wye es sich angefengt geendet vnd aus kumen ist.

¶ Pamphilus Gengenbach   K · S f
    Nyt me yetzundt ist mein beger
Ob yenen ainer vom bundtschu wer
    Dem da für kem dieß schlecht gedicht
Bit ich er wels verachten nicht
    So kumpt er nit yn solche not
Als manch er yetz ist bliben todt
    Vngehorsam gou vngestrofft nit lot

Martin Luther als Mönch.
Holzschnitt von Lucas Cranach d. Ä. für eine Flugschrift, 1520

nen Katechismus» (1529) zu. Die zahlreichen rasch folgenden Neuauflagen des «Neues Testament Deutsch» (1522 u. ö.) bestätigten die große Nachfrage. Das Verlangen der Bauern, an den Früchten der Reformation teilzuhaben, war groß. Zwingli konnte einst sagen, daß Kuh- und Gänsehirten jetzt gelehrter waren als ihre Pfarrer; und jedes Bauernhaus sei eine Schule geworden, darin man die Kunst des Bibellesens treibe. Freilich, die Bibeldeutung war damals wie eh und je das große Problem. Und neben den von der Reformation begeisterten Bauern gab es einerseits die Altgläubigen, andererseits jene, denen mit der Glaubensform der Väter die Glaubenssubstanz überhaupt verlorengegangen war. Nur so sind die Lästerungen der Kirche und ihrer Gnadenmittel zu verstehen, zu denen sich viele hinreißen ließen.

Erasmus von Rotterdam, der große Humanist, anfangs der Reformation wohlgesonnen, wahrte nach Luthers Antwortschrift «De servo arbitrio» («Vom geknechteten [bzw. unfreien] Willen») Distanz und sah, ähnlich den Sozialrevolutionären, die verpflichtende Kraft des Evangeliums auch für das Alltagsleben. Luthers Gleichnis vom «guten Baum», das heißt vom religiös gerechtfertigten Menschen, der von sich aus «gute Früchte bringt», schien ihm als Appell nicht auszureichen. Erasmus vermißte sozialethische Leitlinien und eine größere Berücksichtigung der gesellschaftlichen Dimension der christlichen Botschaft.

Der Bauer hatte von der Reformation trotz allem Entscheidendes zu erwarten, nämlich eine Hilfe, seine Situation zu begreifen. Dies leistete die reformatorische Predigt und Bibelauslegung. «Die Schrift war die einzige Autorität, an die [der Bauer] sich noch halten konnte, die er noch anerkannte. Denn mit der kirchlichen Autorität war für ihn auch die weltliche zusammengebrochen. Nachdem das Wort seines Pfarrers für ihn plötzlich keine Gültigkeit mehr hatte, fügte er

Die Titel der beiden reformatorischen Schriften Luthers aus dem Jahre 1520

Kaiser Karl V. Gemälde von Bernard van Orley, um 1521

sich auch nicht mehr den Anordnungen seiner weltlichen Herren. Auch hier fühlte er sich berechtigt und verpflichtet, allein seinem Gewissen zu folgen», derselben Instanz also, auf die sich Luther nebst der Schrift 1521 in Worms vor Kaiser und Reich berufen hatte. «Losgelöst aus den Banden mittelalterlicher Ordnung, die ihn bisher umfangen und gehalten hatten, mußte der Bauer nach einem neuen Halt suchen. Er fand ihn allein in der Bibel.»[99] Aber dies Buch enthält nicht nur den Baustoff für eine religiöse Reform, sondern auch den Zündstoff für Revolution und Empörung. Kaiser Karl V. erkannte ebensowenig wie die Mehrzahl seiner Fürsten, was die Stunde geschlagen hatte.

*Erasmus von Rotterdam. Gemälde von Hans Holbein d. J.
Eremitage, Leningrad*

Astrologische Weissagung auf das Jahr 1524. Flugblatt Nürnberg, 1523

In dieser Stunde, da sich der deutsche Bauer erhebt, werden ungünstige Omen beobachtet. Im Februar 1524 stehen alle Planeten im Zeichen der Fische, einer Konstellation, die die Astrologen zu dunklen Interpretationen veranlaßt. Diese Krisensituation ist vorausberechnet worden. Allein im Jahre 1523 werden mehr als fünfzig Schriften in deutscher Sprache veröffentlicht, die auf die bevorstehende «böse Zeit» hinweisen. Ein Sprichwort läuft um: «Wer in 1523 nicht stirbt, 1524 nicht im Wasser verdirbt und 1525 nicht wird erschlagen, der mag wohl von Wundern sagen.» Man befürchtet eine Sintflut. In der Tat, eine «große Flut», die Kirche und Gesellschaft heimsuchen sollte, hatte sich angekündigt.

In Oberdeutschland hebt sie an. Sich auf die Reformation berufend, verweigern Bauern in verschiedenen Bistümern die Abgabe des Zehnten. Gelegentlich werden Frondienste verweigert. In Augsburg, der Metropole der Fugger, fordert man das Verbot der einflußreichen Handelsgesellschaften. Angehörige der Zünfte kämpfen um das ihnen vorenthaltene Recht. Andere Forderungen zielen auf die geistliche Betreuung. Manche meinen, man solle alle Mönche und Pfaffen als Repräsentanten der allmächtigen Kirche totschlagen. Viele der Einzelaktionen, die sich in den Chroniken der Städte und Gemeinden finden, sind zunächst auf die örtlichen Verhältnisse bezogen. Hier entlädt sich die Volkswut an einem brutalen Grundherren, dort an einem vom Wucher besessenen Abt oder Pfründebesitzer. Oft stellen Willkürakte der Obrigkeit das auslösende Moment dar. Der gene-

Bauern foltern einen Ablaßkrämer.
Federzeichnung von Niklaus Manuel Deutsch, 1525

relle Einfluß der Reformation, die die geringen Leute ermutigt hat, ist unverkennbar. Die Bauern wollen – ähnlich den Handwerkern in den Städten – nicht mehr als ihr Recht. Dies gilt vornehmlich für die Zeit vor den eigentlichen kriegerischen Auseinandersetzungen. Im Grunde liegt es den Bauern völlig fern, ihre Ansprüche mit Gewalt durchzusetzen. Doch im Sommer 1524 hat die Geduld ein Ende. Der Kampf beginnt.

«Ich weiß nicht eigentlich gewiß zu schreiben, welche Bauern sich erstmals widerwillig gegen ihre Obrigkeit gestellt», schreibt Johann Keßler in seiner zeitgenössischen Chronik des Bauernkrieges, «denn es [ist] fast in einem just Aufrüstung und schier in einem Entflammen angegangen. Wie ich aber erfahren habe, so ists in dem Hegau erstmals entbrannt und um den Schwarzwald. Und wie diese Bauern im Ungehorsam die ersten, also sind sie auch die ersten, das ist die vornehmsten unter allen Untertanen, die von ihren Halsherren so ganz unterdrückt und beschwert lagen. Hier liegt zu ermessen, daß ein jeder Bauer den andren bald zu Ungehorsam möchte bewegen...»[100] So beginnt der Bauernkrieg in der Landgrafschaft Stühlingen im südlichen Schwarzwald (Juni 1524). Rasch breitet sich die Bewegung aus, zumal anfangs weder Gegenmaßnahmen noch Abhilfen getroffen werden. Die «Christliche Vereinigung im Schwarz-

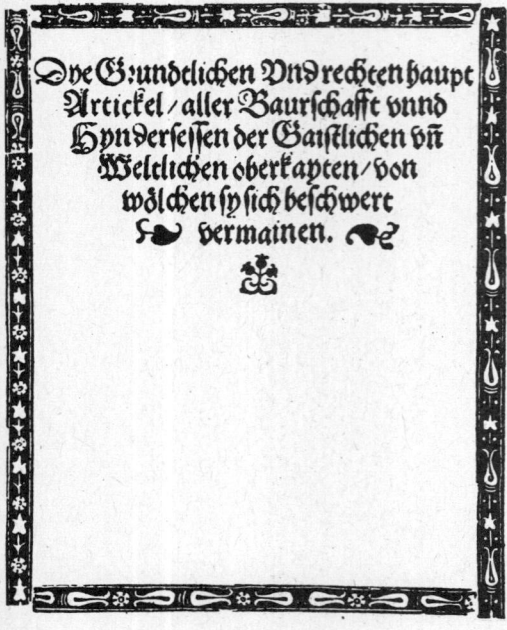

Titelblatt einer Flugschrift mit den zwölf Artikeln der Bauern. Holzschnitt, 1525

Bäuerlicher Agitator. Holzschnitt vom Anfang des 16. Jahrhunderts

wald» unter Hans Müller verbindet sich mit Balthasar Hubmaier, dem Pfarrer von Waldshut, einem begeisterten Anhänger der lutherischen, dann der zwinglischen Reformation, der schließlich als Märtyrer der Täuferbewegung umkam. Der Aufruhr greift binnen weniger Wochen auf Oberschwaben, bis Memmingen und Augsburg über, wo die Aufstände bis Mitte April 1525 dauern.

In Mitteldeutschland, im Gebiet zwischen Thüringer Wald und dem Harz, ist es vor allem Mühlhausen, wo noch Mitte September 1524 der Aufstand beginnt. Seit August ist hier Thomas Müntzer am Werk.

In einer Reihe von Flugschriften legen die Bauern ihr Programm fest. Eine der wichtigsten enthält die «12 Artikel der Bauernschaft», abgefaßt Ende Februar 1525. Sie werden dem Memminger Kürschnergesellen Sebastian Lotzer zugeschrieben. Enthalten sind unter an-

Titelseite einer Ausgabe der «12 Artikel», 1525

deren die Einschränkung der Fronarbeit, die Verminderung der Abgaben, die Reduzierung der Leibeigenschaft. An der Spitze aber steht die «demütig Bitt und Begehr», daß die Gemeinde ihren Pfarrer selbst wählen dürfe. Bezeichnend ist der letzte Artikel, in dem sich die Bauern im Fall einer unchristlichen Forderung dem Zeugnis der Schrift unterwerfen wollen, «wenn man uns mit Grund der Schrift erklärt»[101]. «Die Zwölf Artikel sind kein radikales Programm. Sie brachten ernsthaft begründete Reformvorschläge, die durchführbar waren... Die Artikel gliedern sich ein in den Kampf zwischen Landeshoheit und Autonomie, Herrschaft und Genossenschaft, die schon die Bauernbewegung des 15. Jahrhunderts beherrschte.»[102] In etwa 25 verschiedenen Ausgaben findet diese Flugschrift weiteste Verbreitung. Als einziges Druckwerk dieser Art bilden die «12 Artikel» einen wichtigen Anhaltspunkt für die Aktionen der Bauern in den einzelnen Aufstandsgebieten.

LUTHER IM BAUERNKRIEG

In ihrem Kampf um soziale Gerechtigkeit setzten die deutschen Bauern noch während der ausgebrochenen Unruhen ihre Hoffnung auf die Führer der Reformation, vor allem auf Martin Luther. Als Kenner der Schrift und als Prediger der «reinen Lehre» sollte er ihnen raten, sie gegebenenfalls auch korrigieren. Die Flugschriften aus der Reformationszeit und die Artikelbriefe der Bauern bestätigen diese Bereitschaft. Auch geben sie da und dort bereits einen Einblick in die reformatorische Erkenntnis. Ein solches Wachsen in der Erkenntnis des göttlichen Willens aus der Schrift hatte Luther grundsätzlich allen Getauften als Angehörigen des «allgemeinen Priestertums aller Gläubigen» zugebilligt. Die Bibel sollte die Richtschnur für das tägliche Leben werden. Luthers Schrift «Von weltlicher Obrigkeit, wie weit man ihr Gehorsam schuldig sei» (1523) wehrte Übergriffe weltlicher Obrigkeit auf geistliche Gebiete ab. Diese Schrift verrät auch, daß der aus dem Volk stammende Reformator die Vertreter der herrschenden Klasse realistisch einzuschätzen vermochte. Von den weltlichen Herren heißt es da nüchtern: «Sie konnten nicht mehr denn schinden und schaben, einen Zoll auf den anderen, einen Zins über den anderen setzen... und handeln, daß es Räubern und Buben zuviel wäre und ihr weltlich Regiment ja so tief darniederliegt, als der geistlichen Tyrannen Regiment... Und sollst wissen, daß von Anbeginn der Welt gar ein seltsam [selten] Vogel ist um einen klugen Fürsten, noch viel seltsamer um einen frommen Fürsten. Sie sind gemeiniglich die größten Narren oder die ärgsten Buben auf Erden... Man wird nicht, man kann nicht, man will nicht eure Tyrannei und Mutwillen die Länge leiden. Liebe Fürsten und Herren, lernet euch danach zu richten, Gott wills nicht länger haben. Es ist jetzt nicht mehr eine Welt wie vorzeiten, da ihr die Leut wie das Wild jagtet und triebet. Darum laßt ab von eurem Frevel und eurer Gewalttat!»[103]

Nach derartigen Zeugnissen wird man kaum sagen können, daß sich Luther über die moralischen Qualitäten der Obrigkeit seiner Zeit und in ihrem Verhältnis zum Bauernstand irgendwelchen Illusionen hingegeben hätte. Im Gegensatz zu Luther war Huldrych Zwingli in der Lage, eine sozialethische Folgerung aus dieser Einsicht zu ziehen: das Widerstandsrecht gegen die Staatsgewalt. Im Blick auf eine moralisch disqualifizierte Obrigkeit konnte er sagen: «Man muß das Auge, so es verböset, ausgraben, und hinwerfen, die Hand, den Fuß abhauen.» An diesem Punkt traf sich der Züricher mit Müntzer, wenngleich er dessen Radikalität und Totalität nicht übernehmen konnte. Müntzer ging es ja nicht allein um ein Widerstandsrecht ohne die Veränderung gerechtigkeitswidriger Strukturen, sondern um eine umfassende soziale Neugestaltung, um die Auf-

Huldrych Zwingli. Zeitgenössisches Bildnis

richtung des «Reiches» und um die Vorbereitung der *neuen Kirche* der Brüder und Freunde. Das Jahr 1525 brachte an den Tag, wie sehr Luthers und Müntzers Grundanschauungen im Theologischen und Ethischen auseinanderklafften. Der Erlanger lutherische Theologe Paul Althaus, der sich vergebens große Mühe gegeben hat, «Luthers Haltung im Bauernkrieg» zu rechtfertigen, mußte einräumen: «Luthers Gedanken zur Staats- und Sozialethik treten nirgends so gesammelt und in ihrer verhängnisvollen Bedeutung heraus, wie an seiner Haltung während des Bauernkrieges.»[104]

In seiner ersten Schrift zur Erhebung der Bauern «Ermahnung zum Frieden auf die zwölf Artikel der Bauernschaft in Schwaben» (April 1525) gab Luther seiner Hoffnung Ausdruck, «daß alles gut werden wird». Gefallen hatte ihm vor allem der zwölfte Artikel, in dem die Bauern erklärten, sich im Fall eines Irrtums durch die Schrift belehren zu lassen. Trotzdem war Luther mißtrauisch. Er glaubte nicht, «daß eine so große Schar allesamt rechte Christen sind und gute Absichten haben, sondern ein großer Teil mißbraucht die guten Absichten der anderen zu ihrem Belieben und sucht dabei das Ihre».

Eine Ausweitung der Unruhen, so fürchtete er, könnte «auf ewig eine Zerstörung des ganzen deutschen Landes» verursachen. Darin war sich der Wittenberger mit dem Allstedter bzw. Mühlhäuser einig. «Denn so viele grauenhafte Zeichen, wie bisher sowohl am Himmel wie auf Erden geschehen sind, zeigen ein großes bevorstehendes Unglück und eine gewaltige Veränderung in deutschen Landen an, wiewohl wir uns leider wenig dran kehren. Aber Gott fährt auch nichtsdestoweniger weiter fort und wird unsere harten Köpfe einmal weich machen», prophezeite Luther.

In seinem Appell an «die Fürsten und Herren» sann er auf eine gütliche Lösung. Er sagte aber ausdrücklich, er würde «die Sache ärger machen», wenn er die Partei der Bauern ergriffe. Sie waren für ihn «betrunkene und irrende Leute», denen man vernünftigerweise aus dem Weg gehen müßte. Ihre Artikel enthielten zwar Forderungen, die man nicht einfach abschlagen könne, aber sie seien von Eigensucht diktiert. Den Bauern, die er im gleichen Text seine «lieben Freunde» nannte, sagte er auf den Kopf zu, sie seien im Grunde die größeren Räuber. Als solche werde Gott sie verurteilen. Das «christliche Recht im Neuen und Alten Testament und auch das natürliche Recht» spreche gegen sie. Daher seien sie «ärger als die Heiden und Türken». Das mußte jeden Bauern, der es ehrlich mit den «12 Artikeln» meinte, kränken und enttäuschen.

Wie aber sahen Luthers ethische Normen für die Unterdrückten und Entrechteten aus? Er sagte es unverblümt: Christliches Recht ist, «sich nicht zu sträuben gegen das Unrecht, nicht zum Schwert zu greifen, sich nicht zu wehren, sich nicht zu rächen, sondern Leib und Gut dahinzugeben, daß es raube wer da raubt – wir haben doch genug an unserem Herrn, der uns nicht verlassen wird, wie er verheißen hat. Leiden, leiden, Kreuz, Kreuz ist der Christen Recht, das und gar nichts anders... Ein Christ läßt jeden rauben, nehmen, drücken, schinden, schaben, fressen und toben, wer nur will; denn er ist ein Märtyrer...» In diesem Ton fuhr Luther mit vielen «Schriftbeweisen» fort und meinte, ihnen allen «christlich und brüderlich treu genug geraten» zu haben.[105]

So deutlich Luthers Urteil über die Haltung der Bauern in seiner ersten Schrift zum Bauernkrieg auch war – seine berüchtigte Verurteilung sprach er erst in der zweiten aus, nun aber mit kaum überbietbarer Rücksichtslosigkeit. Er gab der noch vor der verhängnisvollen Schlacht von Frankenhausen verfaßten Schrift den nicht weniger verhängnisvollen Titel: «Wider die räuberischen und mörderischen Rotten der Bauern».

Die Ereignisse überstürzten sich. Täglich wurde von neuen Gewalttaten berichtet. Die Ungeduld der Bauern, die Luther offenbar falsch eingeschätzt hatte, war nicht länger zu zähmen. Hatte er die Bauern noch bis vor kurzem als «liebe Freunde» tituliert, so erblickte

Luthers «Ermahnung», 1525

er jetzt in ihnen, wie auch in Müntzer, den leibhaftigen Teufel, dessen Ausrottung nicht nur Pflicht aller Mächtigen, sondern buchstäblich «Gottesdienst» sei. «Kurzum, lauter Teufelswerk treiben sie, und besonders ist der Erzteufel [ein Brandmal für Thomas Müntzer!] der in Mühlhausen regiert und nichts als Raub, Mord und Blutvergießen anrichtet.» Drei Beschuldigungen waren es, die Luther an die Spitze seiner zweiten Schrift zum Bauernkrieg setzte: erstens die

Weigerung der Untertanen, sich gemäß Römerbrief 13, 1 der Obrigkeit zu beugen; zweitens der Vorwurf des Aufruhrs und des Landfriedensbruchs; drittens «decken sie diese schreckliche, grauenhafte Sünde mit dem Evangelium, nennen sich christliche Brüder... und so ehren und dienen sie dem Teufel unter dem Vorwand des Evangeliums, wofür sie wohl zehnmal den Tod an Leib und Seele verdient haben. Ja, ich habe von einer häßlicheren Sünde nie gehört...»

Charakteristisch sind die Äußerungen nicht nur für Luthers emotionale Maßlosigkeit in dieser wichtigen sozialen Frage. Wichtiger und für das spätere Luthertum verhängnisvoller ist der Aspekt, der sich im Hinblick auf die lutherische Staats- und Sozialethik ergibt, wenn man bedenkt, wie sich Luthers Autorität auf die Einschätzung demokratisch-sozialistischer Bestrebungen durch das deutsche Volk auf Jahrhunderte hinaus auswirken mußte. Sein angeblich biblisch begründbares Obrigkeitsdenken respektierte den Fürsten und Herrn als «Gottes Beamten und Diener seines Zorns, dem das Schwert gegen solche Buben b e f o h l e n ist». Und weiter: «So soll nun die Obrigkeit hier getrost weitergehen und mit gutem Gewissen dreinschlagen, solange sie eine Ader regen kann. Denn sie hat hier den Vorteil, daß die Bauern ein böses Gewissen und ein ungerechte Sache haben, und jeder Bauer, der dabei erschlagen wird, mit Leib und Seele verloren und auf ewig des Teufels ist... Darum soll hier zuschlagen, würgen und stechen, heimlich oder öffentlich, wer nur kann, und daran denken, daß es nichts Giftigeres, Schädlicheres, Teuflischeres geben kann als einen aufständischen Menschen, so wie man einen tollen Hund totschlagen muß...» Und nochmals: «Hier steche, schlage, würge, wer nur kann. Findest du dabei den Tod – wohl dir, ein seligerer Tod kann dir niemals zuteilwerden... Denn hundert Tode sollte ein rechtschaffener Christ erleiden, ehe er ein Haarbreit in der Sache der Bauern bewilligt. O, wie viele Märtyrer könnte es jetzt geben durch die blutdürstigen Bauern und Mordpropheten!»[106]

Damit hatte sich Müntzers Gegner demaskiert. Im Hintergrund standen zweierlei Schriftdeutung und zweierlei Verständnis von Gewalt und Obrigkeit: hier Luthers kompromißlose Anerkennung der Autorität, dort Müntzers unveränderlicher Wille, *daß die Gewalt soll gegeben werden dem gemeinen Volk... daß das Reich dieser Welt soll Christo zuständig sein. Da wird ganz und gar verworfen die falsche Glosse der Verteidiger gottloser Tyrannen, welche mit keinen Worten, sondern mit der Tat zuschanden werden. Ists doch am hellen Tag, daß Gott die Seinen also freundlich läßt die Widersacher peinigen allein am Gute, durch welches sie das Reich und Gerechtigkeit Gottes haben vom Anfang verhindert, wie Christus selber Matth. am 6. durch gründlich Urteil beweiset.* Und wer den zum Äußersten

«Wider die mordischen und reubischen Rotten der Bauren».
Luthers Hetzschrift, 1525

Entschlossenen darauf aufmerksam machen wollte, daß es doch gelte, fern aller Politisierung der «reinen Lehre» zu folgen, dem hielt Müntzer, wie er es in einem seiner letzten Briefe den Eisenachern gegenüber tat, die von Alltags- und Existenzsorgen bedingte Realität der unteren Volksschichten vor Augen: *Wie ist es immer möglich, daß der gemeine Mann sollte bei solchen Sorgen der zeitlichen Güter haben das reine Wort Gottes mit gutem Herzen mögen empfangen?* [107]

Luthers Stimme und Einfluß waren mächtiger. Groß war auch das Entsetzen, das die mit theologischen Argumenten ausstaffierte Hetzschrift ausgelöst hatte. Im «Sendbrief von dem harten Büchlein wider die Bauern», das er seinem Freund, dem «ehrbaren und fürsichtigen

Caspar Müller, zu Mansfeld Kanzler» schrieb, nahm Luther nichts von der Schärfe seines «Büchleins» zurück. Er sagte seinen Kritikern vielmehr auf den Kopf zu, sie seien als Verteidiger der Bauern selbst verkappte Aufrührer. Und noch nachdem die Fürsten, lutherische wie antilutherische (!), in seltener Einmütigkeit die Parolen des Wittenbergers befolgend, den Aufstand ihrer eigenen Untertanen gewaltsam erstickt hatten, hielt es der Reformator der «reinen Lehre» für angebracht zu schreiben: «Mit der Faust muß man solchen Mäulern antworten, daß ihnen das Blut aus der Nase fließt... Barmherzig hin, barmherzig her! Wir reden jetzt von Gottes Wort. Der will den König geehrt und die Aufrührer vernichtet haben, und ist doch wohl so barmherzig, wie wir sind. Ich will hier nichts von Barmherzigkeit hören noch wissen, sondern acht haben, was Gottes Wort will. Darum soll mein Büchlein recht sein und bleiben, und wenn alle Welt sich dran ärgerte.»[108]

Und was waren die Folgen? Die Urteile über Luthers Stellungnahme vor und während des Bauernkriegs divergieren sehr. Es muß verwundern, daß sich immer noch Kirchenhistoriker finden, die behaupten, «daß das Evangelium auch von den Bauern in den Dienst säkularer Interessen gestellt wurde». Oder: «Luther hat durch diese seine Haltung den Bauern gegenüber ohne Zweifel das Evangelium vor einer Verwandlung in eine soziale und politische Doktrin gerettet.»[109] Dabei muß derselbe Autor zugeben, daß das Jahr 1525 das vorläufige Ende der Reformation als einer Volksbewegung bedeutete und an die Stelle des Volkes, somit an die Stelle der Intentionen Müntzers, ein von Luther mit kirchlich-bischöflichen Vollmachten ausgestattetes Landesfürstentum trat. Damit wurde gerade das verhindert, was Walther von Loewenich als die Reinerhaltung des Evangeliums «von einer falschen Vermischung mit der Politik»[110] gefordert hat. Hanns Lilje, der lutherische Bischof, neigt immerhin dazu, «in Thomas Münzer den konsequenteren, vielleicht auch den in viel stärkerem Maße heroischen Akteur zu sehen... Die eigentliche Tragik Luthers liegt darin, daß er im Grunde außerhalb der eigentlichen Vorgänge lebte und in dieser Situation die Macht seines Wortes überschätzte. Den politischen Vorgang selbst hat er mit einem naiven Eifer und nicht immer zielgerechter Empörung begleitet.»[111]

So ist der Bauernkrieg eine tiefe Zäsur in der Reformationsgeschichte und in der Sozialgeschichte des deutschen Volkes. Die Niederschlagung der ersten deutschen Revolution bedeutet nichts Geringeres als die Ausschaltung des Bauerntums als eines politischen und gesellschaftlichen Faktors auf lange Zeit. Luther muß sich der Tragweite seines Handelns und Versagens bewußt gewesen sein. Die Problematik, für die er von seinen theologischen Voraussetzungen aus keine menschlich vertretbare Lösung anzubieten hatte, belastete auf Jahre hin sein Gewissen. In einer Tischrede aus dem Jahre 1533 sagte

Hanns Lilje

er: «Prediger sind die allergrößten Totschläger. Denn sie ermahnen die Obrigkeit, daß sie entschlossen ihres Amtes walte und die Schädlinge bestrafe. Ich habe im Aufruhr alle Bauern erschlagen; all ihr Blut ist auf meinem Hals. Aber ich schiebe es auf unseren Herrgott; der hat mir befohlen solches zu reden...»[112] So hatte die Volksreformation ein schmachvolles Ende gefunden; die Fürstenreformation hatte begonnen.[113]

REVOLUTIONSZENTRUM MÜHLHAUSEN

Die thüringische Phase des Bauernkrieges wird im Blick auf Thomas Müntzer von den Experten unterschiedlich beurteilt. Günther Franz meint: «Der Thüringer Bauernkrieg läßt sich ebensowenig aus den Artikeln der Städte wie aus den Forderungen der Bauern erklären. Er ist letzthin das Werk eines einzigen Mannes: Thomas Müntzers. Er war der einzige wirkliche Führer im Lande.»[114] Manfred Bensing, der marxistische Historiker, hingegen bestreitet diese Anschauung und meint, das «hieße weder Müntzer noch der historischen Wahrheit gerecht zu werden»[115]. Bensing kann sich dabei auf Karl Marx berufen: «Die Theorie wird von einem Volke immer nur so weit verwirklicht, als sie die Verwirklichung seiner Bedürfnisse ist... Es genügt nicht, daß der Gedanke zur Verwirklichung drängt, die Wirklichkeit muß sich auch zum Gedanken drängen.»[116]

Aber es ist klar, daß es keinesfalls allein Müntzers Ideen gewesen sein können, die ihn beeinflußt haben. Was für den Bauernkrieg gilt, das trifft besonders für die Ereignisse in Mitteldeutschland zu: Hier wie dort wirkten mehrere Faktoren zusammen, die sich nicht allein durch das Kausalprinzip von Ursache und Wirkung erklären lassen. Der Landstrich zwischen Thüringerwald, Werra und Harz bildete schon seit dem Mittelalter keine politische Einheit. «In kleine und kleinste Teile zerrissen, gestattete Thüringen den Zwergherrschaften bis ins 16. Jahrhundert hinein eine eigenständige Existenz.»[117] Die Kleinstädte und Dörfer überwogen. Ausnahmen bildeten Mühlhausen und Nordhausen. Die arme und ärmste Bevölkerung, das heißt die Masse der Kleinbauern, der Handwerksgesellen und Tagelöhner war am zahlreichsten. Ähnlich wie in Zwickau war das gesellschaftliche Leben durch den Gegensatz der herrschenden, besitzenden Stände, einschließlich der geistlichen Grundherren, auf der einen und der Masse der Untertanen auf der anderen Seite geprägt. Gegensätze aber gab es selbst zwischen den Feudalherren. Anfang der zwanziger Jahre des 16. Jahrhunderts wurde auch die konfessionelle Zersplitterung auf dem verhältnismäßig kleinen Gebiet sichtbar. Während Kurfürst Friedrich und sein Bruder Johann die Partei Luthers ergriffen hatten, tat sich Herzog Georg der Bärtige von Sachsen als entschiedener Luther-Feind hervor. Durch obrigkeitliche Eingriffe wurden angestammte Gemeinderechte («das göttliche Recht») aufgehoben. Zu den Frondiensten traten Steuern. Kirchliche Strafen sollten vom Volk durch Geldbußen abgelöst werden. Deshalb richteten sich die ersten Aktionen der Bauern gegen Klöster und Besitzungen geistlicher Feudalherren. Die reformatorische Predigt unterstützte die langsame Bewußtseinsbildung im Volk. Entlaufene Mönche, nicht selten waren es Augustiner, also Luthers einstige confratres, sorgten für die Verbreitung der reformatorischen Botschaft, nicht zuletzt für die revolutionäre Version dieser Botschaft. Müntzer war nicht der einzige, der seine Predigtstelle rasch wechseln mußte. Auf diese Weise bewirkte er, daß die revolutionären Parolen rasch bekannt wurden. Der Reformation anhangen aber mußte, wie am Beispiel Luthers am besten zu sehen ist, nicht etwa bedeuten, die gesellschaftlichen Konsequenzen aus einer neu erschlossenen Schrifterkenntnis zu ziehen. Gerade gegen jenes Amtsverständnis, das die bestehende herrschende Gewalt auch dann bestätigt, wenn sie sich in Terror-

und Willkürakten an den wirtschaftlich und gesellschaftlich Schwachen auslebt, mußte Thomas Müntzer energisch Einspruch erheben. Er konnte nicht zusehen, daß das biblische Wort dazu mißbraucht wurde, die soziale Ungerechtigkeit auch noch als «von Gott verordnet» auszugeben. Dieser Einspruch konnte nur durch die Solidarität vieler effektiv werden. Dazu bedurfte es eines Aktionszentrums. Als Allstedt aufgegeben werden mußte, hatte sich Müntzer nach einem neuen umzusehen.

In der Nacht vom 7. zum 8. August 1524 verläßt Müntzer nach einvierteljähriger Tätigkeit als Prediger an der Johanniskirche das Städtchen Allstedt. Der Schösser Hans Zeiß meldet dem Herzog Johann, «daß der Prediger Thomas Müntzer auf den Sonntag nach Sixti [7. August] in der Nacht mit einem Goldschmied von Nordhausen über des Städtleins Mauer heimlich gestiegen und weggegangen ... auf den anderen Tag im Mittag ließ er eine Schrift dem Rat antworten, sie sollten keinen Argwohn haben, er hätte über Land zu schaffen». Diese Mitteilung stimmt mit dem erhalten gebliebenen Brief Müntzers überein. Adressiert ist er: *Seinen Brüdern den Ratsherrn zu Allstedt zu lesen im Beisein des Schössers ... Ich habe meiner Sach Gelegenheit halben müssen über Land ziehen, darum bitte ich ganz freundlich, ihr wollet mir dasselbige nicht verargen oder sonst wunderlich deuten.*[118] Müntzer muß einen Grund für diese Befürchtung gehabt haben. Hauptgrund für den doch etwas mysteriös scheinenden Abschied von seiner letzten Wirkensstätte kann freilich nur seine S a c h e gewesen sein, jene S a c h e, von der der einstige «Seelwarter zu Allstedt» völlig in Anspruch genommen war. Wessen Sache er zu seiner eigenen gemacht hat, geht aus einem der letzten, beschwörenden Schreiben an die Allstedter hervor. Dort heißt es: *Es ist nicht euer, sondern des Herren Streit.*[119]

Man darf nicht vergessen, daß Müntzer mit dem Verlassen der Stadt nicht nur eine gewisse wirtschaftliche Sicherheit aufgab, sondern auch sein junges familiäres Glück. Denn in Allstedt hatte er nach den Jahren der Unrast an die Gründung eines eigenen Hausstandes denken können. Hier hatte er Ottilie von Gersen, eine ehemalige Nonne, geheiratet. Seine junge Ehefrau ließ er wohl deshalb zurück, weil sie hochschwanger war oder einen Säugling zu versorgen hatte. Kurz nach der Ankunft in Mühlhausen bittet er die Allstedter *eine kleine Zehrung meinem Weibe* zukommen zu lassen, *so es euch nicht ärgert.* Der Sohn wird noch nicht erwähnt. Das ist erst im letzten Willen vom 17. Mai 1525 der Fall, wo Frau und Kind genannt sind.

Der Rat der Stadt Mühlhausen hatte sich offensichtlich auf Müntzers Ankunft eingestellt. Ja, der Allstedter Pfarrer scheint wie ein lange erwarteter Gast empfangen worden zu sein.[120] Auf der anderen Seite hatte auch Luther vom neuen Stand der Dinge erfahren und

*Herzog Georg von Sachsen.
Holzschnitt von Lucas Cranach d. Ä.*

eine ausdrückliche Warnung hinausgehen lassen in Gestalt eines «Sendbriefs an die ehrsamen und weisen Herrn Bürgermeister, Rat und ganze Gemein der Stadt Mühlhausen». Der Wittenberger besorgte sogar einen Druck dieses Mahnschreibens, um gleichzeitig auch andere Stadtväter, an deren Tore Müntzer einmal anklopfen könnte, im vornherein gewarnt zu haben. Der «Sendbrief» erinnert an einen Steckbrief, den Luther seinem ehemaligen Mitstreiter und Gesinnungsgenossen ausstellt. Von ihm schreibt er nun: «... Nachdem es erschollen ist, wie sich einer, genannt Magister Thomas Müntzer zu euch in eure Stadt zu begeben willens sei, [wollen wir] euch hierinnen treulich raten und warnen vor seiner Lehre, die er

Mühlhausen

aus Christi Geist hoch rühmet, [sich] zu hüten, welch ich denn, als mich christliche Treue und Pflicht vermahnet, euch zugute nicht habe unterlassen wollen. Bitt' derhalben, wöllet gar fleißig euch fürsehen vor diesem falschen Geist und Propheten, der in Schafskleidern dahergehet und ist inwendig ein reißender Wolf...» Luther erinnert in diesem Zusammenhang an Müntzers Wirken in Zwickau und Allstedt. Nun sieht der Reformator für Mühlhausen schwarze Zeiten voraus. Man sollte Beweise seiner Geistesvollmacht verlangen und Ausweise seiner Sendung. Man werde dann schon sehen, wie weit es mit dem «falschen Propheten» her sei.[121]

Dieser Brief muß erst Tage nach Müntzers Eintreffen in Mühlhausen seine ersten Empfänger erreicht haben, denn er wurde am Sonntag nach Mariä Himmelfahrt (15. August) 1524 in Weimar verfaßt, wo Luther sich gerade aufhielt. Zweifellos wußten die Mühlhauser ohnehin, wem sie Einlaß in ihre Stadt gewährt hatten. Zu diesem Zeitpunkt war Müntzer in Thüringen ein bekannter Mann, freilich auch ein berüchtigter. Luther mußte zugeben, daß Müntzers Botengänger in der Art der «Unkrautsäer» Wyclif, Petrus Waldus oder

Hus weite Wege machten. Reisende Buchführer verbreiteten Müntzers Schriften. So war es kein Wunder, daß er Briefe von weit her bekam. Am 5. September 1524 schrieben Konrad Grebel und einige Täufergenossen aus Zürich «dem wahrhaftigen und getreuen Verkündiger des Evangeliums Thomas Müntzer zu Allstedt am Harz» als dem «lieben Mitbruder in Christo» einen langen, auf Kontaktnahme und Gedankenaustausch zielenden ausführlichen Brief. Grebel gab seiner Freude darüber Ausdruck, «daß wir einen gefunden haben, der eines gemeinen christlichen Verstands mit uns ist und den evangelischen Predigern ihren Mangel anzeigen darf...»[122]

Die freundliche Aufnahme Müntzers in der Reichsstadt Mühlhausen konnte jedoch nicht über die inneren Spannungen hinwegtäuschen, die es hier gab und in die der Neuankömmling vom ersten Tag an verwickelt wurde. Das ergab sich schon aus der Tatsache, daß auch in Mühlhausen die Angehörigen zweier gesellschaftlicher Schichten miteinander rangen. Die Stadt mit ihren mehr als 7000 Einwohnern bildete ein Gemeinwesen, dem neunzehn Dörfer angeschlossen waren. Schon dadurch nahm sie eine Sonderstellung ein. Allein der Einwohnerzahl nach war Mühlhausen damals etwa doppelt so groß wie Leipzig oder Dresden. Die Spannungen zwischen Arm und Reich spiegelten sich in den Herrschaftsverhältnissen der Bürger wider. Manfred Bensing schildert, wie hier die «volksreformatorische Bewegung» im September 1524 in ein neues Stadium eingetreten war. Die gesellschaftlich-politische Kraftprobe hatte lange vor Müntzers Eintreffen begonnen. «Die plebejischen Kräfte, die bisher im Gefolge der bürgerlich-gemäßigten Opposition aufgetreten waren, erlangten Selbständigkeit und gaben der weiteren Entwicklung das Gepräge. Andere oppositionelle Kräfte konnten sich mit ihnen auf der Grundlage des entschiedenen Programms verbünden – und das hatte deren Radikalisierung zur Folge –, oder sie landeten unweigerlich auf der Position des alten Rates. Die Polarisierung der Kräfte erfolgte nicht schlagartig»[123], sondern vollzog sich in einem Prozeß, bei dem Müntzers «Ewiger Bund Gottes» eine revolutionäre Funktion erhielt.

An Müntzers Seite trat Heinrich Pfeiffer, Schwerdtfeger genannt, ein gebürtiger Mühlhäuser, der bis 1521 dem Zisterzienserorden angehört hatte, dann seinem Kloster den Rücken kehrte und als Kaplan in einem Nachbarort im Sinne Luthers predigte. In Mühlhausen legte er die Amtskleidung des Priesters und Predigers ab und trat im Gewand des gemeinen Mannes auf. Pfeiffer arbeitete schon vor Müntzers Ankunft auf der Seite der oppositionellen Gruppe in seiner Vaterstadt. Nun ergriff er Müntzers Partei. Der «Ewige Bund Gottes» begann sich zu formieren, offensichtlich unter Müntzers Anleitung. Bald war von einer Schar von 200 Mann die Rede – vermutlich einer militärischen Formation. Es konnte nachgewiesen werden, daß die Mehrzahl der Bundesmitglieder den armen oder besitzlosen Bevölkerungsschichten Mühlhausens entstammte.[124]

Noch ehe die berühmten «12 Artikel» geschrieben waren und einige Monate vor der Abfassung der Flugschriften der Schwarzwälder, Allgäuer und der fränkischen Bauern entstanden die «Mühlhäuser Artikel». Die aus elf Artikeln bestehende Schrift sollte dazu dienen, «[1.] Daß man einen neuen Rat setzen solle, Ursach, auf daß nach göttlicher Furcht gehandelt, daß nicht möchte der alte Haß kleben bleiben und der Mutwille sich nicht weiter erstrecke, darum daß der Täter und der Bewilliger gleicher Straf würdig... [2.] Daß man in die Bibel oder das heilig Worte Gottes Befehl, darnach Gerechtigkeit und Urteil fällen, Ursach, auf daß man dem Armen tu wie dem Reichen...» So heißt es in den ersten beiden Artikeln. Eine Neuordnung der Stadtregierung auf demokratischer Basis und das Prinzip der Gleichheit vor dem Gesetz war demnach das Ziel der Bemühungen. Der «gemeine Nutz», «Gottes Gerechtigkeit und Billigkeit», «Gottes Gebot und Gerechtigkeit», das waren die Maßstäbe, die bei der Neuwerdung der gemeindlichen Verhältnisse angelegt werden sollten. «Über alles wollen wir nach Gottes Worten recht ohn alles Wanken gehandelt haben... Wo dieser Beschluß aber Gottes Worte entgegenstünde, sollte er gebessert und verändert werden», heißt es gleich im Vorspruch. Damit ist ein klarer Zielpunkt gesetzt, auch für spätere Artikelbriefe. Und abschließend heißt es: «Ist es den Leuten lieb und Gott entgegen, aber Gott lieb, den Leuten entgegen, so wollen wir unter zweien eines erkießen [erwählen]: wir wollen viel lieber Gott zu Freunde haben und die Leute zu Feinden, denn Gott zu Feind und die Leute zu Freunden, denn es ist sorglich, in Gottes Hände zu fallen... Jesus! Dies schreiben wir euch, christliche Brüder, daß ihr euch darnach wißt zu richten.»[125]

Der Text mit den zahlreich eingeschobenen Bibelstellen, vornehmlich aus dem Alten Testament, trägt unverkennbar Müntzers Züge, auch wenn er nicht als Verfasser genannt wird. Er wird zusammen mit Heinrich Pfeiffer diese programmatischen Artikel abgefaßt haben. Über seine persönliche Meinung konnten keinerlei Zweifel aufkommen, zumal ein Brief von ihm, *an die Kirche zu Mühlhausen* (vom 22. September) verfaßt wurde, um diese elf Artikel zu unterstützen. Wie er selbst sagte, sah er sich dazu veranlaßt, als ihn das Zögern der Mühlhäuser beunruhigte: *Denn ich sehe und greife, daß ihr von der menschlichen Furcht wegen nichts beschließen könnt.*[126] Dieser Brief, der «zu den bedeutendsten Zeugnissen Müntzerscher Taktik während des ersten Mühlhäuser Aufenthalts zählt» (Bensing), ist auch deshalb interessant, weil er zeigt, wie es Müntzer verstanden hat, den orts- und zeitgebundenen Verhältnissen eine allgemeine Bedeutung abzugewinnen. Wenn es den Mühlhäusern gelinge, auf demokratisch-theokratische Weise zu einer Neuordnung ihres Stadtregimes zu kommen, so habe das überörtliche Bedeutung. Ihr Tun werde beispielhaft wirken und die Sache Gottes, die *Gerechtigkeit Gottes* werde dadurch in der Welt ein Stück vorangetrieben. Wenn auch nur wenige fähig gewesen sein mögen, Müntzers vorausschauende Gedanken ganz zu verstehen, so ist immerhin zu bemerken, daß sein Brief eine positive Aufnahme, zum Beispiel durch die örtliche Leineweberzunft, gefunden hat. Auch einige Stadtviertel solidarisierten sich mit dem Inhalt der «Mühlhäuser Artikel».

Aber weder Müntzer noch Pfeiffer konnten sich länger in Mühlhausen halten. Noch hatte die Stunde zu weiteren Aktionen nicht geschlagen. Keine zwei Monate waren vergangen seit dem Einzug des Allstedter Predigers, als er die Stadt wieder verlassen mußte. Zusammen mit Pfeiffer wandte er sich nach Süden. Zwei Schriften Müntzers waren noch nicht gedruckt. Die eine, *Ausgedrückte Entblößung des falschen Glaubens*, hatte er seinem Buchführer Hans Hut zur Publikation anvertraut. Sie sollte in Nürnberg durch die Presse gehen. Für die Drucklegung der anderen, der *Hochverursachten Schutzrede*, wollte der Autor selbst Sorge tragen. Vielleicht ließ sich auch dafür in Nürnberg ein Drucker finden, der es auf sich nahm, das Werk eines verbannten Ketzers herauszubringen. Im übrigen mußte es Müntzer willkommen sein, in Süddeutschland aus eigener Anschauung zu erfahren, welche Fortschritte die Bauernaufstände dort machten. Nicht zuletzt galt es, Beziehungen zu Gesinnungsgenossen zu knüpfen und damit den Aktionsradius zu erweitern. Zudem war er auch den «Brüdern» in der Schweiz eine Antwort schuldig.

ZWISCHENSPIEL IN NÜRNBERG

«Nürnberg leuchtet in ganz Deutschland wie eine Sonne unter Mond und Sternen und bewegt gar kräftiglich andere Städte, was daselbst im Schwange geht!» Mit diesem Lob bedachte Luther die freie Reichsstadt, die im Jahre 1525 die Reformation einführte, in der reformatorisches Denken und Leben schon einige Jahre zuvor begonnen hatte.

Luthers Ordensbruder Wenzel Linck, Mittelpunkt der Nürnberger Augustinergesellschaft, war seit 1517 Distriktsvikar im Kloster der Augustiner-Eremiten. Auf seiner Durchreise nach Augsburg zum Verhör vor dem päpstlichen Legaten Jakob Kardinal Cajetan (1518) hatte Luther hier Station gemacht. Führende Persönlichkeiten des öffentlichen Lebens der Stadt an der Pegnitz verfolgten mit lebhafter Anteilnahme die Geschicke der Reformation. Zu den Stadtvätern gehörten Anton Tucher und Albrecht Dürer, Hieronymus Ebner und

Nürnberg

Hieronymus Holzschuher, nicht zuletzt Lazarus Spengler, der Ratsschreiber. Am 23. Februar 1522 hält Andreas Osiander in der berühmten Lorenzkirche die erste reformatorische Predigt. Wenig später, 1524, gibt es in Nürnberg bereits zwei Fassungen einer deutschen Messe. Die eine des Augustiners Wolfgang Volbrecht zeigt im Credo «eine nicht zu übersehende Übereinstimmung mit der Fassung Thomas Müntzers» (Bernhard Klaus). Die zweite Fassung setzt ebenfalls die Kenntnis der Müntzerschen voraus. Das ist beachtenswert. Auch Schriften Müntzers und Traktate von Karlstadt sind seit Oktober 1524 in Nürnberg verbreitet. Es ist anzunehmen, daß Hans Hut, der «Buchbinder» und Schriftenkolporteur des Allstedter Predigers, für das Bekanntwerden der Publikationen gesorgt hat. Hinzu kommt noch, daß seit Herbst 1523 Hans Denck, ein bald als Täufer verfolgter Humanist, Rektor der St. Sebald-Schule ist. Johannes Oekolampadius hatte den noch nicht Dreißigjährigen dem großen Willibald Pirckheimer empfohlen. Es zeigte sich, daß der Rektor der Sebalder Schule eine andere Auffassung von Reformation vertrat als die Wittenberger, auf deren Seite Nürnbergs Stadtväter und der Prediger Osiander standen. Der «linke Flügel der Reformation» hat sich in der größten Stadt des deutschen Reiches zu formieren begonnen.

Zwar wird öffentlich im Sinne Luthers gepredigt, doch wirken täuferisches Gedankengut und Parolen des Aufruhrs im Untergrund.

In den Jahren, als sich die Bauern empören und die kleinen Handwerker aufmucken, findet Karlstadt im fränkischen Rothenburg ob der Tauber Unterschlupf. In Nürnberg ist Hans Denck seiner Überzeugung wegen nicht mehr tragbar. Er muß die Stadt verlassen. Als er im Januar 1525 vor dem Magistrat sein «Bekenntnis» niederlegt, stellt sich heraus, daß Müntzers Gedanken von ihm Besitz ergriffen haben. Der Sebalder Rektor hatte sich nicht nur in Müntzers Schrif-

Andreas Osiander, lutherischer Prediger an der Kirche St. Lorenz in Nürnberg. Stich von B. Jenichen, 1565

ten vertieft, er hatte ihn persönlich kennengelernt. Müntzer und Heinrich Pfeiffer mußten Ende September 1524 aus Mühlhausen fliehen. Auf ihrer Reise nach Süddeutschland kamen sie nach Nürnberg. Durch Hans Hut hatte Müntzer hier beim Drucker Johann Hergot seine *Ausgedrückte Entblößung des falschen Glaubens* in Auftrag geben lassen. Hergots Gesellen erledigten den Auftrag in Abwesenheit des Meisters. Die vermutlich noch in Allstedt zwischen dem 13. und dem 31. Juli verfaßte Schrift, mit ihrer von revolutionären Gedanken erfüllten Erklärung des Lukas-Evangeliums läßt über Müntzers Absichten keinen Zweifel aufkommen: *Ich muß den giftigen Schaden, der also tief ist eingerissen, greulich aufdecken.* Dies Büchlein, eher eine Kampfansage denn eine Bibelauslegung, ist *wider König, Fürsten und Pfaffen* gerichtet. Zwischen den *Pfaffen* Roms und Wittenbergs macht der Autor zu diesem Zeitpunkt keinen großen Unterschied mehr. Verhaßt waren ihm beide. Kein Wunder, daß der Nürnberger Magistrat sich selbst herausgefordert sieht und die Schrift wenige Tage nach Erscheinen, Anfang November, beschlagnahmen läßt. Denn gleich eingangs nennt der Verfasser *die Grundursache aller böswilligen Zerstreuung* der Christenheit. *Um solcherwichtigen Ursache willen habe ich elender Mensch mich vorwärtsgewendet zur Wagenburg, das Loch des Vorhofs weiterzumachen.*[127] Das ist eine kriegerische Sprache. Es gilt, eine Bresche in die Wagenburg der *Gottlosen* zu schlagen. Und mit den Gottlosen sind nicht etwa Türken und Heiden gemeint, auch nicht die Päpstlichen, denen man im Jahre 1524 in Nürnberg ungestraft ein starkes Wort sagen darf, sondern auch die Förderer der Reformation Luthers. Da sich nicht verheimlichen läßt, daß auch Müntzers Begleiter Heinrich Pfeiffer dabei ist, gegen die *Wagenburg* anzurennen, trifft ihn die gleiche Ablehnung wie Müntzer selbst, dessen Anwesenheit in der Stadt zunächst keinen allzu großen Anstoß erregt zu haben scheint. Jedenfalls hören wir zuerst von einem Ratsbeschluß, der Pfeiffer betrifft. Auf Grund eines Gutachtens von Andreas Osiander kam folgender Ausweisungsbeschluß zustande: «Meister Heinrich von Mühlhausen, des Schwärmers Thomas Müntzers discipul [Schüler]» wird am 29. Oktober offiziell aufgefordert, «sich fürderlich von hinnen zu tun und sein Geld anderswo zu zehren»[128].

Wie lange Müntzers Nürnberger Aufenthalt währte, ist nicht mehr genau zu ermitteln. Fest steht nur, daß der Flüchtling aus Mühlhausen in Hieronymus Höltzel noch einen Drucker für seine *Hochverursachte Schutzrede und Antwort wider das geistlose, sanftlebende Fleisch zu Wittenberg* gewinnen konnte. Einer Briefnotiz zufolge wissen wir, daß dies das eigentliche Ziel seiner Reise nach Nürnberg war. Bemerkenswert ist immerhin, daß er die Möglichkeit zur Agitation nicht nützte. *Ich wollte wohl ein fein Spiel mit denen von N(ürnberg) angerichtet haben, wenn ich Lust hätte, Aufruhr zu*

*Willibald Pirckheimer. Kohlezeichnung von Albrecht Dürer, 1503.
Berlin, Kupferstichkabinett*

machen, wie mir die lügenhafte Welt Schuld gibt. Aber ich will meine Widersacher wohl mit Worten feig machen, daß sie es nicht werden verleugnen. Viel vom N(ürnberger) Volk rieten mir zu predigen, da antwortete ich, ich wäre um des willen nicht hingekommen, sondern (um) mich durch den Druck zu verantworten. Da das die Herren erfuhren, klungen ihnen die Ohren, denn gute Tage tun ihnen wohl. Der Handwerksleute Schweiß schmeckt ihnen süß, süß, gedeiht aber zur bittern Galle. Es wird da kein Bedenken oder Spiegelfechten helfen, die Wahrheit muß hervor. Es hilft sie nicht das *gedichtete Annehmen des Evangeliums. Die Leute sind hungrig, sie müssen und wollen essen, wie Amos sagt, auch Matth. 5.*[129]

Tatsächlich gelang die Drucklegung der Schmähschrift gegen den *Doktor Lügner* (Dr. Luther). Es wurde Müntzers letzte Streitschrift überhaupt. Während aber von der *Ausgedrückten Entblößung* immerhin 100 Exemplare der auf 500 Stück bezifferten Auflage vor der Beschlagnahmung nach Augsburg ausgeliefert werden konnten — zwölf Exemplare sind davon erhalten geblieben —, wurde die *Schutzrede* sogleich eingezogen. Auch das Manuskript fiel in die Hände der Magistratspolizei. *O Doktor Lügner, du tückischer Fuchs! Du hast durch deine Lügen das Herz der Gerechten traurig gemacht, den Gott nicht betrübt hat, damit du gestärkt hast die Gewalt der gottlosen Bösewichter, auf daß sie ja auf ihrem alten Wege bleiben. Darum wird dirs gehen wie einem gefangenen Fuchs. Das Volk wird frei werden und Gott will allein der Herr darüber sein.*[130]

Es war schon ein starkes Stück, daß es ein «Schwärmer» gewagt hatte, ausgerechnet von jenem reformatorisch «leuchtenden» Nürnberg aus den Reformator offen anzugreifen. Müntzer konnte nicht ahnen, daß das Bild vom gefangenen Fuchs schon ein halbes Jahr später als Gleichnis für sein eigenes Schicksal herangezogen werde. So waren auch Müntzers Nürnberger Tage gezählt. Und während Pfeiffer nach Thüringen zurückgekehrt war, setzte Müntzer seine Süddeutschland-Reise fort.

Über Schwaben gelangte er ins Aufstandsgebiet der Schwarzwälder Bauern. Ferner war ein Abstecher in die Schweiz vorgesehen. Über diese Fahrt gibt es einige Anhaltspunkte. Im sogenannten *Bekenntnis*, das Müntzers Gegner vom Verhör am 16. Mai 1525 anfertigten, wird der Aufenthalt in Südwestdeutschland und in der Schweiz erwähnt: «Im Klettgau und Hegau bei Basel habe er etliche Artikel, wie man herrschen soll, aus dem Evangelium angegeben, daraus fürder andere Artikel gemacht. Hätten ihn gern zu sich genommen, habe ihnen aber des gedankt. Die Empörung habe er des Orts nicht gemacht, sondern sei bereits aufgestanden gewesen. Ökolampadius und Hugowaldus [Hugwald] haben ihn des Orts gewiesen, zum Volk zu predigen. Da er dann gepredigt, daß daselbst, [wo] ungläubige Regenten, wäre auch ungläubig Volk, eine Rechtfertigung geschehen muß.»[131]

Auch soll es zu einem Briefwechsel zwischen ihm und den Süddeutschen gekommen sein. Abgesehen von Ulrich Hugwald, der sich später den Namen Mutius zugelegt hat und dem Max Steinmetz eine Mittlerstellung zwischen Müntzer und den Reformatorischen in der Schweiz beimißt, kam es zu zwei wichtigen Begegnungen: einmal mit Balthasar Hubmaier, zum anderen mit dem schon erwähnten Johannes Oekolampadius. Hubmaier, einst Priester in Regensburg, seit 1521 in Waldshut, hatte zu Luther gefunden und war Zwinglis Freund

Johannes Oekolampadius. Holzschnitt, 1588

geworden, ehe er sich von ihm trennte und sich der aufkommenden Täuferbewegung verschrieb. Heinrich Bullinger, der Nachfolger des Züricher Reformators Zwingli, hebt die Wirkung der Agitationstätigkeit Müntzers im Südschwarzwald hervor und betont den angeblich nachteiligen Einfluß auf den Waldshuter Prediger. «Müntzer pflanzte in ihm nicht nur die Wiedertaufe, sondern allerlei böse Verwirrung», lautet der Vorwurf. «Von Zürich aber herab kamen zu Müntzer Konrad Grebel, Felix Manz und unruhige Köpfe, die hernach Zürich große Unruhe machten.»[132] Selbstverständlich kann aus dieser Bemerkung nicht abgeleitet werden, daß Müntzer zum Initiator der Täuferlehre geworden sei. Aber die Berührung und der geistige Austausch mit täuferischen Kreisen ist unbestritten. Die Bewegung selbst blühte erst nach Müntzers Tod auf.

Wichtig, wenngleich in seinen konkreten Folgen nicht faßbar ist zweifellos das Zusammentreffen mit dem Schweizer Reformator Oekolampadius, der 1529 in Marburg zusammen mit Zwingli Luthers geistvoller Kontrahent beim Theologengespräch über die Abendmahlsfrage war. Hugwald vermittelte die Begegnung zwischen den beiden Männern. Von Bedeutung ist das Zusammentreffen mit Müntzer schon deshalb, weil eine Notiz aus Oekolampadius' Hand existiert, die im Gegensatz zu der Wittenberger Verleumdungskampagne auf ein von Gehässigkeit freies Müntzer-Bild schließen läßt. Dem Umstand, daß Willibald Pirckkeimer an Oekolampadius Kontakt mit Müntzer Anstoß nahm, verdanken wir folgenden Bericht des Schweizers: «Er [Müntzer] kam zu mir als ein Verbannter und hatte mich grüßen lassen, obwohl ich ihn nie von Angesicht gesehen und auch seinen Namen, den er bei der ersten Zusammenkunft nicht nannte, kaum gehört hatte.» Müntzer war ja in Nürnberg mit Hans Denck zusammengetroffen, den Oekolampadius als Mensch und Gelehrten so sehr schätzte, daß er den jungen Mann für den Posten eines Rektors an die Nürnberger Sebald-Schule empfehlen konnte. «Wir unterhielten uns über wenige ganz bedeutungslose Dinge, wobei er sich mir aber nicht anvertraute. Ich überlegte bei mir, was wir nach göttlichem Gebot Fremdlingen und Verbannten schuldig sind, zumal ich selbst verbannt war, und bat ihn, mit mir das Essen einzunehmen; er willigte ein und kam in Begleitung Hugwalds. Jetzt erst nannte er seinen Namen und den Grund seiner Reise. Was sollte ich tun? Ich tröstete den Mann, alles geduldig zu ertragen. Über das Kreuz haben wir viel gesprochen; er empfahl es so eindringlich, daß ich keinen schlechten Eindruck von ihm empfing...»[133] Es kennzeichnet die Situation, wenn man feststellt, daß keiner der Wittenberger Reformatoren, die Müntzer anfangs auch geschätzt haben, nach der theologisch-politischen Polarisierung zu einem auch nur annähernd vergleichbaren Urteil über Müntzer fähig gewesen sind. Die Urteile Luthers, Melanchthons, Agricolas sind voller Gehässigkeit, Lüge und bewußt übler Nachrede.

Bei Oekolampadius ließ sich Müntzer ebensowenig halten wie bei Hubmaier und den Bauern des Südschwarzwalds. Der Fortgang der Aufstandsbewegung verlangte Müntzers Rückkehr. Ein exaktes Datum ist nicht anzugeben. Aber nach einer Angabe in der Mühlhäuser Stadtchronik soll der im September 1524 Ausgewiesene «vor Fastnacht» (28. Februar 1525) als Pfarrer an der Marienkirche angenommen worden sein. Nur noch weniger als drei Monate blieben ihm zu weiterer Tätigkeit. Wochen folgenschwerer Entscheidung standen ihm und seinen Anhängern bevor.[134]

Die Marienkirche in Mühlhausen

«HOCHVERURSACHTE SCHUTZREDE»

Die bereits erwähnte letzte Schrift Thomas Müntzers aus dem Jahre 1524 war dem *geistlosen, sanftlebenden Fleisch zu Wittenberg gewidmet, dem allerehrgeizigsten Schriftgelehrten Doktor Lügner*, auch *Doktor Ludibrii* (d. h. Doktor des Gespöttes) genannt, jenem Luther also, der *mit verkehrter Weise durch den Diebstahl der heiligen Schrift die erbärmliche Christenheit also ganz jämmerlich besudelt hat*. So heißt es gleich im Titel der in Nürnberg gedruckten *Hochverursachten Schutzrede*.

> **Hoch verursachte Schutzrede**
> vnd antwwort/wider das Gaistlose Sanfft
> lebende fleysch zu Wittenberg/welches
> mit verkärter weyse / durch den
> Diepstal der heiligen schrift
> die erbermdliche Chri
> stenheit/also gantz
> jämerlichen
> besudelt
> hat.
>
> Thomas Müntzer
> Alstedter.
>
> Auß der hölen Helie/ welches ernst nie=
> mant verschonet. iij. Regu. xviij. Mat=
> thei. xvij. Luce. j. Apocali. Vndecimo.
>
> **Anno. M. D. XXiiij.**
>
> O deus redime me a calumnijs hoim : vt custodia
> mandata tua. Annuciemqz veritate in filio tuo reco
> ditam: ne techne malignantiu amplius perseuerent.

Müntzers Schmähschrift gegen Luther. Nürnberg, 1524

Der Autor, der sich als *Thomas Müntzer, Allstedt* zu erkennen gibt, ist zu diesem Zeitpunkt ein Flüchtender und Verbannter. Um aber den geistigen Standort zu bezeichnen, von dem aus diese Schrift geschrieben worden ist, ergänzt er: *Aus der Höhle Eliae*. Des Propheten Elia Schicksal mutet wie eine Präfiguration seines eigenen an. Der Geist des alttestamentlichen Eiferers ist es, den Müntzer seiner Zeit wünscht.

Seinen «Brief an die Fürsten zu Sachsen», in dem vor dem «aufrührerischen Geist von Allstedt» gewarnt wird, begann Luther mit dem Satz: «Den durchlauchtigsten hochgebornen Fürsten und Herren, Herrn Friedrich...» Es folgen die Titel und Würden der «gnädigen Herren». Diese Form der Widmung und Anrede ahmt Müntzer nach; aber weil es für ihn jetzt (im Herbst 1524) keinen irdischen Herrn mehr gibt, dessen Gewalt und Gnade er anerkennen könnte, weil es für ihn nur noch einen einzigen Herrn gibt, den er allein fürchtet, beginnt Müntzers *Schutzrede*: *Dem durchlauchtigsten, erstgeborenen Fürsten und allmächtigen Herren Jesu Christo, dem gütigen König aller Könige, dem tapferen Herzog aller Gläubigen, meinem gnädig-*

sten Herrn und getreuen Beschirmer, und seiner betrübten einigen Braut, der armen Christenheit.[135] Diesem Herrn allein gebührt *aller Preis, Name, Ehre und Würde, Titel und alle Herrlichkeit.* Gebrandmarkt sind damit im vornherein alle diejenigen, die eigene Ansprüche erheben und gar den *richtigen Geist zu Boden verachten,* wie es allen voran *Doktor Lügner* tut. So darf man auf den nachfolgenden Seiten der Schrift noch weniger als in den anderen Veröffentlichungen Müntzers eine sachliche Auseinandersetzung mit seinem theologischen Widerpart erwarten. Für Müntzer wird der Wittenberger Reformator zum *hoffärtigen Narren,* der Christus und den heiligen Geist bekämpft. Gegen Luthers Kreuzestheologie, gegen die reformatorische Tat stellt sich Müntzer jetzt blind und taub. Er sieht nur noch das Treiben der *gehässigen Schriftgelehrten* Wittenbergs, die zwar Glauben, Glauben und immer wieder Glauben fordern, den Geist-Ursprung des christlichen Glaubens jedoch verleugnen. Und Luther selbst?

Dennoch will er der Allerklügste auf Erden sein, daß er sich auch rühmt, er habe keinen Ebenbürtigen. Darüber nennt er alle armseligen – Müntzer meint: geistlich armen, geistoffenen – *Menschen die Schwimmelgeister* (Schwarmgeister) *und mag nicht hören, so man das Wort «Geist» redet oder liest... Er spricht, man soll einfältig glauben und sieht nicht, was dazu erforderlich ist.*[136]

Und was den Vorwurf Luthers anlangt, Müntzer treibe zum Aufruhr an, so kontert der Angegriffene: *Die Herren* – auf deren Seite sich «Vater Leisetritt» geschlagen hat – *machen das selber, daß ihnen der arme Mann feind wird. Die Ursache des Aufruhrs wollen sie nicht wegtun, wie kann das auf die Dauer gut werden? So ich das sage, muß ich aufrührerisch sein, wohlan!*[137]

Damit ist der Punkt erreicht, an dem sich Müntzer offen zur Revolte bekennt. Es stört ihn nicht mehr, daß er als Aufrührer beschimpft wird. Die letzte Phase der Auseinandersetzung kündigt sich an.

Wie aber deutet Müntzer diesen Kampf? Liest man nur seine flammenden Appelle zum Losschlagen, etwa das noch zu besprechende Manifest an die Mansfelder Bergknappen vom Ende April 1525, könnte der Eindruck entstehen, hier rede und schreibe nur ein blutdürstiger Revoluzzer, der von einer Euphorie gepackt ist. All diese Appelle haben aber für Müntzer zumindest noch einen sehr ernsten religiösen Aspekt. Er erinnert sich an das Schicksal seines Herrn: *Christus ward* (auch) *für einen Teufel gescholten,* als ein ketzerischer Samariter, mit dem kein echter Israeliter etwas zu schaffen haben wollte. Sein Leben, das am Kreuz endete, war eine einzige Passion. Diese Passion Christi ist für Müntzer nicht nur eine in sich abgeschlossene historische Tatsache, sie dauert fort, und ihre Fortdauer muß von den Auserwählten dadurch bejaht werden, daß sie dem

Mann der Passion *gleichförmig werden*. Er selbst, Müntzer, ist dieser Passion teilhaftig. Der *wittenbergische Papst* verkörpert im Prozeß Jesu von 1524 den Kaiphas der Juden. Brüsten kann und will sich Müntzer der Teilhabe an der Passion Christi nicht: *O Christe, ich schätze mich unwürdig solches kostbarlichen Leidens, mit dir zu tragen in gleicher Sache!* [138] Müntzer ist allerdings nicht geneigt, vor seinen Anklägern zu verstummen wie einst Jesus vor dem Hohen Rat in Jerusalem. Der Angeklagte hat längst die Rolle des Anklägers übernommen, der dem Henker Überantwortete schwingt das Beil des Scharfrichters. Daher zögert Müntzer nicht, seine geheimsten Regungen, die er beim Gedanken an Luther verspürt, offen auszusprechen:

Schlaf sanft, liebes Fleisch! Ich röche dich lieber gebraten in deinem Trotz durch Gottes Grimm im Hafen oder Topf beim Feuer, Jer. 1, 13, denn in deinem eigenen Süpplein gekocht, sollte dich der Teufel fressen, Hes. 23. Du bist (ein Stück) *Eselsfleisch, du würdest langsam gar werden und ein zähes Gericht werden deinen Milchmäulern...* [139]

Kein Wunder, daß Nürnbergs Zensurbehörde dieses Pamphlet noch vor der Verbreitung unterdrücken mußte, damit die reformationsbeflissenen Stadtväter der freien Reichsstadt Luther nicht in den Rücken fallen sollten.

IN DER ENTSCHEIDUNG

Bis zuletzt, das heißt auch noch als in den einzelnen deutschen Gauen Bauernunruhen aufgeflammt waren, bemühte sich Müntzer um eine gütliche Lösung. Luthers «Brief an die Fürsten zu Sachsen vom aufrührerischen Geist» vom Juli 1524 verlangte indes mit Nachdruck, «dem Unfug zu wehren und dem Aufruhr zuvorzukommen». Man habe es bei Müntzer mit dem Teufel selbst zu tun und sei daher zu keiner Schonung verpflichtet oder berechtigt. Wie Müntzer zu diesem Zeitpunkt dachte, nachdem er von dem *Schandbrief* des *verlogenen Luther* gehört hatte, zeigt sein Brief vom 3. August 1524 an den Kurfürsten Friedrich. *Nachdem die Not aufs allerhöchste fordert, allen Unglauben zuvorzukommen und zu begegnen, welcher sich mit dem Schein der christlichen Kirchen bisher beholfen und jetzt der betrüglichen Gestalt der fleischlichen und gedichteten Gütigkeit gestellt wird, ist durch Gott verfügt, mich vorzulegen, wie Ezechiel sagt, als eine Mauer vor der armen zerfallenden Christenheit.* Deshalb bat Müntzer *treulich*, auch künftig *der armen Christenheit zu frommen predigen und schreiben* zu dürfen. Und derselbe Müntzer, der sich kurz zuvor in Weimar der Obrigkeit gestellt hatte, war abermals bereit, sich *am hellen Tage vor der ganzen Welt mündlich und schriftlich* zu verantworten. Er war sogar damit einverstanden gewesen, alle seine Bücher vor dem Druck einer amtlichen Zensur unterziehen zu lassen.[140]

Diese Fakten muß man sich immer wieder in Erinnerung rufen, wenn man die Endphase von Müntzers Wirken betrachtet, die im Frühjahr 1525 auf den Kulminationspunkt des Thüringer Aufstandes zustrebte. Seine zuvor ausgesprochenen starken und drohenden Worte wider die *Gottlosen* können seinen Willen zu einer gütlichen Regelung nicht plausibel machen.

In Mühlhausen hatte der aus Süddeutschland im Februar 1525 Zurückkehrende eine völlig veränderte Lage angetroffen. Die Opposition hatte ihre Stellung festigen und ausbauen können. Dies führte am 17. März zur Wahl des «Ewigen Rates», das heißt zur Bildung jener Einrichtung, die im dritten der elf Mühlhäuser Artikel im September des Vorjahres verlangt worden war: «Daß man den Rat keine Zeit setze zu regieren, weder ein Jahr noch zwei ...» Die Prediger, in ihrer Mitte Müntzer und Pfeiffer, erlangten damit die volle Einflußmöglichkeit, die sie auch zu nutzen wußten. Die Erfolge der Aufstandspartei, Pfeiffers Drängen auf die Erreichung der örtlichen Zielsetzungen, Müntzers Pläne, das in Mühlhausen Vollbrachte auch in einem größeren Umkreis zu verwirklichen, erregten die Sorge der Fürsten und der fürstlichen Rats- und Amtsleute. Es war nicht geheimzuhalten, daß Müntzers Predigten auch in der Reichsstadt viele auswärtige Hörer anzogen, die nicht nur um privater religiöser Erbauung willen gekommen waren. Der Kontakt mit Allstedt, den Mitgliedern des Allstedter Bündnisses und mit einer Reihe anderer Ortschaften war auch von Mühlhausen her gepflegt worden. Bis ins Mansfelder Bergbaugebiet hinein, bis nach Nordhausen und nach Halle liefen die Verbindungen. Die landesherrliche Obrigkeit witterte Gefahr und sann auf eine Möglichkeit, die Stadt zu «bestrafen» und auf diese Weise zu unterbinden, daß das Beispiel der Mühlhäuser Insurgenten andernorts Schule machte. Dazu war nötig, daß der katholische Herzog Georg mit den lutherisch Gesonnenen gemeinsame Sache machte, beispielsweise mit seinem für die Reformation so sehr aktiven Schwiegersohn, dem Landgrafen Philipp von Hessen. Angesichts dieser Formierung der Gegnerschaft mußte sich Mühlhausen wappnen. Fünf Landsknechte hatten eine strenge militärische Ordnung einzuexerzieren. In Eisenach wurden 200 Landsknechtsspieße gekauft. Im Barfüßerkloster goß man Geschütze. Im Dominikanerkloster entstand ein Pulverlager. Durch seine Predigt sorgte Müntzer für Kampfesstimmung. Und weil ein Kampfbund mit einer so weitreichenden Zielsetzung auch eine Fahne braucht, ließ Müntzer ein großes weißes Banner anfertigen mit dem legendär gewordenen Regenbogen als Sinnbild und dem reformatorischen Motto: Verbum domini maneat in aeternum (Das Wort des Herrn bleibe in Ewig-

Kanoniere überprüfen ihre Kampfwaffen

keit). Hinter dem Predigtstuhl Müntzers in der Mühlhäuser Marienkirche fand das Banner vorerst seinen Platz. Zu dieser Rüstung in der Stadt kam die Kontaktaufnahme mit auswärtigen Gesinnungsgenossen hinzu. «Die Situation war für die revolutionären Kräfte äußerst günstig. Im feudalen Lager hatte die Krise ihren Höhepunkt erreicht. Die Bereitschaft der Volksmassen zum Aufstand war niemals so groß wie jetzt. Es bedurfte nur des Anstoßes, um von der Rhön bis zum Eichsfeld, von der Ostgrenze Hessens bis zur Saale schlagartig mit dem offenen Angriff zu beginnen»[141], resümiert Manfred Bensing. Günther Franz macht jedoch darauf aufmerksam, daß der beachtlichen äußeren Ausdehnung der Bauernbewegung in Thüringen die innere Stärke nicht entsprochen habe. Meist waren es örtlich kleinere Gruppen, die sich aus gegebenem Anlaß zusammengetan hatten, um Klöster oder auch Schlösser zu stürmen, zu plündern und zu verbrennen. Von Müntzers Aktionsplan und von Mühlhausen abgesehen könne in Thüringen von einer wirklichen Revolution mit bestimmten politischen oder religiösen Zielen nicht die Rede sein. Es habe sich in der Regel allein um eine allgemeine Erregung gehandelt, die nur so lange anhielt, bis das jeweilige Zerstörungswerk vollbracht war.[142]

Es war Müntzers Plan, über Mühlhausen hinausgreifend ganz Thüringen den Fürsten zu entreißen und so auf breiter geographischer Basis die in Allstedt und Mühlhausen ansatzweise durchgeführte Verwirklichung seiner Ideen fortzuführen. Das Mansfelder Gebiet und Heldrungen, der Sitz des Mansfelder Grafen Ernst, war ihm schon lange ein Dorn im Auge. Er verhehlte nicht, am wenigsten jenem gegenüber, welche Gefühle er für ihn hatte. *Es will keine Scham in dich; Gott hat dich verstockt wie den König Pharaonem, auch wie die Könige welche Gott vertilgen wollte Josua 5 und am 11. Sei es Gott immer geklagt, daß die Welt deine grobe, gleich Büffeln wütende Tyrannei nicht eher erkannte, wie hast du doch solchen merklichen nicht wieder gut zu machenden Schaden getan, wie mag man sich anders denn Gott selber über dich erbarmen? Kurzum, du bist durch Gottes kräftige Gewalt der Verderbung überantwortet. Wirst du dich nicht demütigen vor den Kleinen so wird dir eine ewige Schande vor der ganzen Christenheit auf den Hals fallen und wirst des Teufels Märtyrer werden.*[143] So schrieb Müntzer kurz vor der Schlacht von Frankenhausen als einer, der nicht nur mit einer spitzen Feder umzugehen vermag, sondern, wie er in seiner Unterschrift sagte, *auch mit dem Schwert Gideons.*

Für seine weitgesteckten Ziele, die auch über die Grenzen Thüringens hinausreichten, mußte er jene Volksmassen gewinnen, deren Sinn in erster Linie, wenn nicht ausschließlich, auf die Befriedigung ihrer lokalen Bedürfnisse konzentriert war. Sie hatten in Heinrich Pfeiffer ihren Wortführer gefunden, der außer in Mühlhausen im nordwestlich der Stadt liegenden Eichsfeld viele Sympathisanten fand. Dieser Unterschied der Zielsetzungen zeigt einen ernsten Konflikt im Lager der Revolutionäre an, ein Konflikt, der im Augenblick der Entscheidung verhängnisvoll wirken mußte. Deutet diese Meinungsverschiedenheit nicht auf jene tiefer liegenden Probleme hin, die Müntzer rechtzeitig gesehen hatte, als ihm klar wurde, daß die Veränderung der Verhältnisse mit einer Veränderung des Bewußtseins, also mit einer konsequenten volkserzieherischen Bemühung Schritt halten müsse? Zeigte diese interne Auseinandersetzung nicht deutlich, daß diese wichtige Bildungsaufgabe in der kurzen Zeit nicht zu dem gewünschten Ergebnis geführt hatte?

Doch die Zeit drängte. Obwohl die Zielsetzungen der Aufständischen nicht voll erfüllt worden sind und obwohl Zweifel an der menschlichen Reife der zur Revolution Entschlossenen erhoben werden konnten, hielt Müntzer den Zeitpunkt der kriegerischen Auseinandersetzung für gekommen. Am 26. April zog ein Aufgebot der Mühlhäuser zur Unterstützung der Brüder nach Salza, ein Ausdruck

Ernst Bloch

der Solidarität im Kampf für die gemeinsame Sache. Auch in den Briefen aus jenen Tagen spiegelt sich der Wille zur gemeinsamen Aktion wider. Aus dieser Zeit besitzen wir ein Dokument, das «als eines der großartigsten Zeugnisse revolutionären Geistes und Müntzerscher Sprachgewalt» (Bensing) gelobt worden ist. Es handelt sich um das *Manifest an die Bergknappen* im Mansfeldischen. Aufgezeichnet ist es im Brief vom 26. April 1525 an die Allstedter. «Und gewiß brennt dieser Aufruf, stählt diese Kriegserklärung gegen die Behausungen Baals und Nimrods, des starken Tyrannen, der zuerst die Menschen mit Mein und Dein übermochte, als leidvollstes, rasendstes Revolutionsmanifest aller Zeiten», hebt Ernst Bloch hervor.[144] Und so beginnt es: *Die reine Furcht Gottes zuvor, lieben Brüder! Wie lange schlaft ihr, wie lang seid ihr Gott seines Willens nicht geständig, darum daß er euch nach eurem Ansehen (Meinung) verlassen hat? Ach, wie viel hab ich euch das gesagt, wie es muß sein, Gott kann sich anders nicht offenbaren, ihr müßt gelassen stehen. Tut ihrs nicht, so ist das Opfer euer herzbetrübtes Herzeleid umsonst. Ihr müßt darnach von neuem auf wieder in Leiden kommen. Das sag ich euch, wollt ihr nicht um Gottes willen leiden, so müßt ihr des Teufels Märtyrer sein!* [145] Es ist wichtig, festzuhalten, daß Müntzer in diesem von der Ungeduld und vom Eifer diktierten

Brief, der ein einziger Aufruf zum Losschlagen ist, auf mystische Begriffe anspielte. Man darf eben nicht vergessen, daß seine revolutionären Impulse aus religiöser Ergriffenheit hervorbrachen. Der Gott, der sich nach Meinung der noch zögernden Allstedter vor den Menschen verbirgt, auch vor denen, die sich als die von ihm Auserwählten dünken, kann sich nur dann offenbaren, wenn der Mensch dafür vorbereitet ist. Das Bemerkenswerte ist, daß Müntzer auch vom Revolutionär einen Seelenzustand verlangte, den er als *Gelassenheit* bezeichnete. Es handelt sich um einen Terminus der Mystik Eckarts und Taulers. «Alle wahre Seligkeit, die liegt in rechter Gelassenheit, Willenlosigkeit. Das alles wird aus dem Grunde der Kleinheit geboren: da wird der eigene Wille verloren; denn der Wille ist ganz wie eine Säule, in der sich alle Unordnung hält: könnten wir sie fällen, so fielen alle Mauern mit ihr nieder. Je kleiner [in Demut], desto geringer der Wille», heißt es in einer Predigt Johannes Taulers.[146] Gelassen ist der Mensch, wenn er sich von allem gelöst hat, wenn er frei ist von allen irdischen Gebundenheiten und in dem totalen Verzicht auf die Durchsetzung des Eigenwillens sich als Werkzeug und Organ des göttlichen Willens hingibt. Mit dieser Gelassenheit hängt der Wille zum Erleiden Gottes, und das heißt wiederum: zum Leiden und Kreuztragen, eng zusammen. Auch dieser Gedanke kehrt in Taulers Predigten wieder. Im Leiden gilt es nach Müntzer die *reine Furcht Gottes* zu bewähren. Gelassenheit und Leidensbereitschaft führt bei Müntzer jedoch nicht zur Passivität, sondern ist Quelle höchster Aktivität. Schon in der *Ausgedrückten Entblößung des falschen Glaubens* heißt es: *Derhalben muß der allergelassenste Mensch von Gott erwecket werden aus der Wüstenei seines Herzens, herfürbrechen und eifern unter den wollüstigen Zartlingen, die viel härter sind als Adamantenstein, die Wahrheit anzunehmen. Durch ein bewährtes Leben muß er das Kreuz, von Jugend auf erkannt, andern eröffnen...*[147] Im *Manifest* schreibt Müntzer:
Darum hütet euch, seid nicht also verzagt, nachlässig, schmeichelt nicht länger den verkehrten Phantasten, den gottlosen Bösewichtern, fanget an und streitet den Streit des Herrn! Es ist hohe Zeit, haltet eure Brüder alle dazu, daß sie göttliches Gezeugnis nicht verspotten, sonst müssen sie alle verderben. Das ganze deutsche, französische und welsche Land ist wach, der Meister will (das) Spiel machen, die Bösewichter müssen dran. Zu Fulda sind in der Osterwochen vier Stiftskirchen verwüstet, die Bauern im Klettgau und Hegau (im) Schwarzwald sind auf, dreimal tausend (Mann) stark, und (es) wird der Haufe je länger je größer. Allein ist das meine Sorge, daß die närrischen Menschen sich verwilligen in einen falschen Vortrag, darum daß sie den Schaden noch nicht erkennen. So ist der große Rahmen abgesteckt, in dem auch die Aktionen der Thüringer Auf-

Brennende Ortschaft

ständischen gesehen werden sollen; ein Appell, der über die Lokalinteressen Heinrich Pfeiffers weit hinausreicht. Damit kein Zweifel bleibt, worauf es in diesem geschichtlichen Augenblick ankommt, sagt er weiter: *Wenn euer nur drei sind, die in Gott gelassen allein seinen Namen und Ehre suchen, werdet ihr hunderttausend nicht fürchten. Nun dran, dran, dran, es ist Zeit, die Bösewichter sind frei verzagt wie die Hunde... Es ist über die Maßen hoch vonnöten. Dran, dran, dran! Laßt euch nicht erbarmen, ob euch der Esau gute Worte vorschlägt, Genesis 33. Sehet nicht an den Jammer der Gottlosen. Sie werden euch also freundlich bitten, greinen, flehen wie die Kinder. Lasset euch nicht erbarmen, wie Gott durch Moses befohlen hat, Deuteronomium 6, und uns hat er auch offenbart dasselbe. Reget an in Dörfern und Städten und sonderlich die Berggesellen mit anderer guter Gesellschaft, welche gut dazu wird sein. Wir müssen nicht länger schlafen.* Es folgen einige Nachrichten aus Salza und von den Vorgängen der Bauernerhebung auf dem Eichsfeld, gedacht als Vorbilder und ermunternde Anregungen für die langsamen Allstedter. Deshalb: *Ihr müßt dran, dran, es ist Zeit. Balthasar und Barthel Krump, Valtein und Bischoff, gehet* (tüchtig) *vorne an den Tanz... Dran, dran, dieweil das Feuer heiß ist. Lasset euer Schwert nicht kalt werden, lasset* (das Schwert) *nicht lahm werden! Schmiede pinkepanke auf den Ambossen Nimrods, werfet ihnen den Turm zu Boden! Es ist nicht möglich, solange sie leben, daß ihr der menschlichen Furcht solltet leer werden. Man kann euch von Gott nicht*(s) *sagen, dieweil sie über euch regieren. Dran, dran, solange es Tag ist, Gott geht euch voran, folget, folget! Die Geschichten stehen beschrieben Matth. 24, Ezechiel 34, Daniel 7, Esra 10, Apokalypse 6, welche Schrift alle Römer 13 erkläret.*

Darum laßt euch nicht abschrecken. Gott ist mit euch, wie geschrieben steht II. Chronik 20, 15–18. Dies sagt Gott: «Ihr sollt euch nicht fürchten. Ihr sollt diese große Menge nicht scheuen. Es ist nicht euer, sondern des Herrn Streit. Ihr seid nicht, die da streiten, stellet euch für männlich. Ihr werdet sehen die Hilfe des Herrn über euch.» Da Josaphat diese Worte hörte, da fiel er nieder. Also tut auch und durch Gott, der (ist) *euch Stärke ohne Furcht der Menschen im rechten Glauben, amen.*

Datum zu Mühlhausen im Jahre 1525.
Thomas Müntzer, ein Knecht Gottes wider die Gottlosen.

Damit ist das Signal gegeben. Die Zeit der Barmherzigkeit und des geduldigen Zuwartens ist vorüber. Es schlägt die Stunde der Gerechtigkeit. Müntzer ist sich seiner Sache, die doch *des Herren Streit* ist, völlig sicher. Als Vollstrecker des göttlichen Willens kommt es darauf an, daß er eine kleine Schar *in Gott gelassener* Streiter ermuntern kann, zum Schwert zu greifen. Auch ist es nicht irgendeine Waffe, die auf dem *Amboß Nimrods* zu schmieden ist. Müntzer führt *das Schwert Gideons,* das heißt jenes altisraelischen Helden aus der Richterzeit, der mit nur 300 Mann die feindlichen Midianiter in die Flucht geschlagen hat. Mit dem Aufruf: *Gott ist mit euch!* verknüpft Müntzer die Gewißheit, daß der Gott, der Gideon beigestanden ist, auch ihm und seinen Leuten den Sieg über die Bösewichter bescheren wird. Tatsächlich sollte es dem entflammten Prediger gelingen, diese Glaubensgewißheit auch dem Haufen zu vermitteln, mit dem er bei Frankenhausen in die Schlacht zog. «Man mag dieses Manifest des Inhalts wegen loben oder verdammen, eines ist sicher: seit Jesaias hat kein Prophet in einer feurigeren Sprache zu seinem Volke geredet. Dieser Brief ist und bleibt ewig ein Meisterstück populärer Beredsamkeit Münzers... Ein jeder Punkt ist ein Amboßhammer, jedes Wort trifft, jeder Satz hallt klingend in der Seele wider.» [148]

Zunächst bleibt Müntzer noch etliche Tage in Mühlhausen. Er ist voll in Anspruch genommen. Gern würde er den Allstedter Brüdern

Schloß Heldrungen. Aus Merians «Topographia superioris Saxoniae», Frankfurt 1650

persönlich *Unterricht genug geben, daß ihnen das Herz viel größer sollte werden denn alle Schlösser und Rüstungen der gottlosen Bösewichter auf Erden.* Doch fürs erste ist er unabkömmlich. Während das Mühlhäuser Aufgebot in Salza im Einsatz ist, gilt es einen Angriff auf das als uneinnehmbar betrachtete Wasserschloß Heldrungen vorzubereiten. Mit einem Bauernhaufen zieht Müntzer vor das Kloster Volkenrode, das gestürmt und dessen Abt verjagt wird. Aus Frankenhausen kommt die Bitte um Unterstützung durch 200 Mann. Der Brief ist erhalten, in dem sich Müntzer bereit erklärt *nicht allein (einen) solchen kleinen Haufen euch zuzuschicken, sondern viel mehr, alle, alle, soviel unser wollen zu euch kommen...*[149] Im übrigen habe niemand Ursache zur Furcht, ebensowenig zum Nachgeben. *Lasset euch nur mit guten Worten zu keiner beschissenen Barmherzigkeit bringen, so wird eure Sache wohl bestehen.* Müntzers Brief an die Frankenhäuser scheint seine Wirkung nicht verfehlt zu haben, denn in denselben Tagen beginnt auch in Frankenhausen die Erhebung der oppositionellen Kräfte. Das Städtchen wird neben Mühlhausen zu einem Zentrum der thüringischen Erhebung.

Doch ehe Müntzer dorthin ziehen kann, wo die entscheidende Schlacht geschlagen werden sollte, wird es nötig, einen Heerhaufen in das Eichsfeld zu begleiten. Es ist die erste Maiwoche. Einen zusammenfassenden Bericht über die Vorgänge in Thüringen hat der Allstedter Schösser Hans Zeiß verfaßt und seinem Kurfürsten übermittelt. Er zeichnet das Bild einer sich mehr und mehr ausweitenden Bewegung, die sich von Sondershausen bis Angerhausen, von Müntzers Geburtsort Stolberg bis Heldrungen und bis zum mansfeldischen Bergbaugebiet erstreckt. Zeiß berichtet, daß «sich die Sachen nunmals um Allstedt ganz aufrührerisch und empörlich anlassen, und es geht schnell zu, und das gemeine Volk ist alles zum Aufstehen wider die Herrschaft und zum Stürmen der Klöster geneigt. Den umliegenden Klöstern allenthalben ist ihr Schutz von der Herrschaft aufgesagt. Da ist ein Auslaufen, da stürmt man. Und die von Frankenhausen und Sondershausen sind gestern alle auf wider ihren Herrn, haben die Klöster gestürmt, die Zoll und Beschwerung selber abgelegt... in der Goldnen Au hinauf bis gen Nordhausen, das der Grafen Stolberg und Schwarzburg ist, ist solcher Lärm auch. Sie stürmen die Klöster, machen alles nach ihrem Gefallen... Ich besorg auch, daß dergleichen Unlust im Amt nicht nachbleiben werde. Das Volk ist alles zum Aufruhr bereit, sonderlich gegen das Kloster Nauendorf und den Mönchhof Pfeffel. Da ist kein Wehren, wenns angeht.» [150] Wehren kann auch nicht der Reformator. Vermochte er in jenen kritischen Märztagen des Jahres 1522 mit seinen berühmten Invokavit-Predigten binnen kurzer Zeit in Wittenberg Ordnung zu schaffen, so erweist sich nun das Wort des Reformators dem Ausmaß der Empörung nicht gewachsen. Dennoch brach er Mitte März in die Unruhegebiete Sachsens und Thüringens auf, wo er unter anderem in Eisleben, Stolberg, Nordhausen, Weimar und Orlamünde, der Wirkensstätte Karlstadts, predigte. Hans Zeiß meinte: «Doktor Luther ist im mansfeldischen Lande, aber er kann solchem Aufruhr und des Zulaufens aus dem mansfeldischen Lande nicht wehren. So läufts von Sangerhausen und aus Herzog Georgen Land haufenweise zu. Was daraus werden will, das weiß Gott.»

Kein Zweifel, das Volk war drauf und dran, die Macht zu ergreifen, von der Müntzer unter Berufung auf das Alte Testament (1. Buch Samuel, 8) gesagt hatte, daß alle Gewalt vom Volke ausgehen müsse. Die Bestrafung der Bösewichter mußte nun endlich vollzogen werden. Als «Capitäner» und als «Oberste» im Mühlhäuser Haufen bestimmen Müntzer und Pfeiffer, welche Aktionen in Angriff zu nehmen und welche Stützpunkte der *Tyrannen* auszuheben sind. Der Landadel erweist sich als zu schwach, den bewaffneten Bürger- und Bauernhorden erfolgreich zu trotzen.

Auf einen wichtigen Gesichtspunkt macht Manfred Bensing in seiner Darstellung des Thüringer Aufstandes aufmerksam. Danach dürfen die Haufen der Empörer nicht allein als «räuberische und mörderische Rotten» betrachtet werden. Man könne nicht übersehen, daß in ihrer Heeresorganisation bereits Keimformen einer demokratischen Praxis zu erkennen seien: «In den Bauernhaufen trat an die Stelle der Gemeinde der Bund, die christliche Vereinigung. Wer auf ihre Artikel schwor, hatte ihren Gesetzen zu gehorchen, gleichzeitig aber – unabhängig von der bisherigen gesellschaftlichen und sozialen Stellung – gleiches Recht: an der Wahl und Abberufung der Hauptleute und Rottmeister teilzunehmen, über wesentliche Fragen des Aufstandes wie über die Programmatik, die Aufnahme von Städten und Adligen in den Haufen, die Richtung des Zuges usw., zu entscheiden und Vertreter (Räte) zu benennen, die zwischen den Beratungen der Volksversammlung an der Seite des Obersten Feldhauptmanns darauf achteten, daß nicht gegen die Gesetze des Bundes und die Interessen des Volkes verstoßen wurde.»[151] Zum erstenmal waren diese Untertanen in der Lage, ein gewichtiges Wort über ihr Schicksal, ja sogar über das Schicksal ihrer Herren mitzureden, zu deren Bestrafung sie angetreten waren. Auf einem anderen Blatt steht, wie diese jäh und beinah unvermittelt erworbenen Menschenrechte von den einzelnen verantwortet werden konnten. Wie sollte beispielsweise das einfache Volk, über dessen Unbildung Müntzer selber Klage führte, es verkraften, einer-

Aufständische Bauern (mit der Bundschuh-Fahne) umzingeln einen Ritter. Buchillustration, 1539

seits in den eigenen Reihen christliche Brüderlichkeit, bis zu einem gewissen Grade Gütergemeinschaft und Gleichheit der Person zu üben, auf der anderen Seite aber der Barmherzigkeit nicht Raum zu geben und das Gesetz der Rache walten zu lassen?

DIE NIEDERLAGE VON FRANKENHAUSEN

Um die Thüringer Aufständischen niederzuwerfen, bedurfte es der vereinten Anstrengungen der Fürsten. Die über Monate sich hinziehenden Verhandlungen zeigten, daß die in Frage kommenden Vertreter der staatlichen Macht, voran Kurfürst Friedrich und Herzog Johann auf der einen, der katholische Herzog Georg auf der anderen Seite, für eine bewaffnete Auseinandersetzung nicht gerüstet waren. Friedrich der Weise stellte in seiner Ratlosigkeit kurz vor seinem Tod fest, daß er zeit seines Lebens nie etwas Derartiges wie eine Empörung der Untertanen kennengelernt hätte. Auf eine Intervention Philipps von Hessen konnte nicht verzichtet werden, so wenig sie den Herren Thüringens willkommen sein mochte. Während Herzog Georg mit viel Mühe, aber wenig Erfolg Reiter und Fußvolk anwarb und seine nicht sehr üppigen Waffenbestände zu vervollständigen suchte, rückte der hessische Landgraf Anfang Mai gegen Thüringens Grenzen vor. Am 3. Mai erreichte er Fulda, zog nordwärts über Geisa nach Berka, wo sich sein Heer mit Braunschweiger Söldnern vereinigte, die von Eschwege aus anrückten. Eisenach, Salza und Sondershausen waren die weiteren Stationen zwischen dem 10. und 14. Mai. Die Stunde der Entscheidung stand nahe bevor. An die 2000 Reiter und etwa 5000 Mann Fußvolk hatte Philipp unter seiner Führung. Georg von Sachsen hatte nur ein geringes Aufgebot an Reitern und Söldnern unter seine Fahne bringen können, als er am 11. Mai von Leipzig aufgebrochen war. Das Ziel war Frankenhausen. Mühlhausen blieb vorerst verschont, als sich die Kunde verbreitete, daß Thomas Müntzer seit Tagen im Lager der Frankenhäuser Aufständischen samt den Mitgliedern seines Bundes sein Wesen habe. Offensichtlich ging es den Fürsten nicht nur um die Zerschlagung der Revolutionszentren, sondern vor allem um die Beseitigung des Trägers der Volkserhebung – Thomas Müntzers.

Es versteht sich, daß Müntzer bis zuletzt jede Möglichkeit der mündlichen und der schriftlichen Einflußnahme nützte: einmal den Bundesgenossen, Bürgern, Bauern und Bergknappen die Siegeszuversicht einzuschärfen, die die auserwählte «Schar Gideons» nötig hatte; zum andern, seinen Widersachern eine Art Ultimatum zu stellen. Da sind vor allem zwei Briefe, beide vom 12. Mai datiert

Landgraf Philipp von Hessen. Zeitgenössisches Gemälde

und im Frankenhäuser Lager geschrieben. Die Empfänger sind die Grafen von Mansfeld. Müntzer, der sich längst das Titulieren abgewöhnt hat, schreibt ganz einfach dem *Bruder Ernst zu Heldrungen* und dem *Bruder Albrechten von Mansfeld.* Auch die Absicht beider Sendschreiben ist der Anrede zu entnehmen. Diese Briefe stellen einen letzten Appell zur Bekehrung dar. *Die gestrackte Kraft, feste Furcht Gottes und der beständige Grund seines gerechten Willens sei mit dir, Bruder Ernst. Ich, Thomas Müntzer, etwann Pfarrherr zu Allstedt, vermahne dich zum überflüssigen Anregen, daß du um des lebendigen Gottes Namens willen deines tyrannischen Wütens wollest müßig sein und nicht länger den Grimm Gottes über dich erbittern...* Und nach einer Abrechnung schließt der Brief ultimativ: *Der ewige lebendige Gott hats geheißen, dich von dem Stuhl mit Gewalt uns gegeben zu stoßen; denn du bist der Christenheit nichts nütze, du bist ein schädlicher Staubbesen der Freunde Gottes. Gott hat von dir und von deinesgleichen gesagt, Ezechiel am 34. und am 39., Daniel 7., Micha 3. Obadja, der Prophet, sagt, dein Nest muß zerrissen und zerschmettert werden. – Wir wollen deine Antwort noch heute nacht haben oder dich im Namen Gottes der Scharen heimsuchen, da wisse dich nach zu richten. Wir werden unverzüglich tun, was uns Gott befohlen hat. Tu auch du dein bestes. Ich fahr daher.*[152]

Was die letzte Ankündigung betrifft, so nahm der in Schloß Heldrungen residierende Graf den Briefschreiber beim Wort, allerdings nicht den stürmenden und zerschmetternden, sondern den überwältigten und gefangenen Müntzer. Aber auch dem *Bruder* Albrecht sagt Müntzer ein letztes Mal die Meinung, und zwar als Prediger, der vom Eifer des Baalspfaffen fressenden Propheten Elia gepackt ist. Da heißt es: *Furcht und Zittern sei einem jeden, der übel tut, Röm. 2. Daß du die Epistel Pauli also übel mißbrauchst, erbarmt mich. Du willst die bösewichtische Obrigkeit dadurch bestätigen in allem Maß, wie der Papst den Petrus und Paulus zu Stockmeistern gemacht. Meinst du, daß Gott der Herr sein unverständig Volk nicht erregen könnte, die Tyrannen abzusetzen in seinem Grimm, Hosea am 13. und 8.?* Müntzer erinnert in diesem Zusammenhang an seine Auslegung von Lukas 1, wo im Magnifikat der Maria die Revolution Gottes den Gewaltigen angekündigt ist, jener andere richtungweisende Beleg des Revolutionstheologen: *Hat nicht die Mutter Christi aus dem heiligen Geist geredet von dir und deinesgleichen, weisagend Lukas 1: «Die Gewaltigen hat er vom Stuhl gestoßen und die Niedrigen (die du verachtest) erhoben?» Hast du in deiner lutherischen Grütze und in deiner wittenbergischen Suppen nicht mögen finden, was Ezechiel an seinem 37. Kapitel weisagt? Auch hast du in deinem martinischen Bauerndreck nicht mögen schmecken, wie der selbige Prophet weiter sagt am 39. Unterschied (Kapitel), wie Gott alle Vögel des Himmels fordert, daß sie sollen fressen das Fleisch der Fürsten und die unvernünftigen Tiere sollen saufen das Blut der großen Hansen, wie in der heimlichen Offenbarung am 18. und 19. beschrieben? Meinst du, daß Gott nicht mehr an seinem Volk denn an euch Tyrannen gelegen? Du willst unter dem Namen Christi ein Heide sein und dich mit Paulus zudecken. Man wird dir aber den Weg verbauen, da wisse dich nach zu halten. Willst du erkennen, Daniel 7, wie Gott die Gewalt der Gemeine gegeben hat und vor uns erscheinen und deinen Glauben brechen, wollen wir dir das gerne geständig sein und für einen gemeinen Bruder haben. Wo aber nicht, werden wir uns an deine lahme schale Fratze nicht kehren und wider dich fechten wie wider einen Erzfeind des Christenglaubens. Da wisse dich nach zu halten!* 153

Diesen letzten beschwörenden Aufrufen an die Erzfeinde fügt Müntzer vom Frankenhäuser Lager aus Sendschreiben an eventuelle Verbündete bei, um die Kampfkraft des Haufens zu vermehren. Bei den Erfurtern ist sich Müntzer nicht im klaren. Es wäre möglich, meint er, *die lutherischen Breifresser mit ihrer beschmierten Barmherzigkeit* könnten die Erfurter *weich gemacht* haben. Auf alle Fälle wirbt er um ihre Unterstützung: *Helft uns mit allem, das ihr vermögt, mit Volk, Geschütz, auf daß wir erfüllen, was Gott selber befohlen hat ... Habt ihr nun Lust zur Wahrheit, machet euch mit uns an den Reigen, den wollen wir gar eben treten, daß wirs den Gotteslästerern treulich bezahlen.* Um den Erfurtern einzubleuen, daß es im bevorstehenden Kampf nicht allein um lokale Interessen geht, sondern um einen Streit von ökumenischen Ausmaßen, ist der

Brief vom 13. Mai gezeichnet mit: *Thomas Müntzer von wegen der gemeinen Christenheit.*

Am Mittag des 14. Mai trifft Philipp von Hessen mit seinem Heer vor Frankenhausen ein. Vor der Stadt, am Fuße des Kyffhäusers, wo die Aufständischen ihr Feldlager eingerichtet und eine Wagenburg aufgefahren haben, kommt es bereits am Morgen des 14. Mai mit einer Vorhut Philipps zu einem ersten Scharmützel. Es endet mit einem Erfolg für die Aufständischen; ein kleiner Anfangserfolg, den die Müntzer-Partei zur Stützung des Selbstbewußtseins nötig gehabt haben wird, andererseits aber auch einem gefährlichen Optimismus Vorschub leisten konnte. Tatsächlich ist die Ausgangsposition für die Frankenhäuser günstig. Die Bauern lassen den Fürsten eine kurze Botschaft zukommen:

«Wir bekennen Jesum Christum.

Wir sind nicht hier, jemand was zu tun, Johannis am andern, sondern von wegen göttlicher Gerechtigkeit zu erhalten. Wir sind auch nicht hier von wegen Blutvergießen. Wollt ihr das auch tun, so wollen wir euch nichts tun. Darnach hab sich ein jeder zu halten.» [154]

Die Kompromißbereitschaft ist unverkennbar, wenn man Müntzers ungemein scharfe Briefe an die Mansfelder dagegen hält. Immerhin, die Forderung «göttlicher Gerechtigkeit» besteht weiter. Die Fürsten (zu Philipp und dem Braunschweiger war noch Herzog Georg gestoßen) bleiben die Antwort nicht schuldig. Zunächst begründen sie, weshalb sie ausgezogen, nämlich die «Untugend»

der Bauern zu strafen und die «verführerische Lehre eures Fälschers des Evangeliums» auszumerzen. Die Argumente tragen unverkennbar lutherische Züge, denn die Fürsten verstehen sich als die, «denen von Gott das Schwert befohlen» ist. Ihr Beschluß läuft ebenfalls auf ein Ultimatum hinaus: «Wo ihr uns den falschen Propheten Thomas Müntzer samt seinem Anhange lebendig heraus antwortet und ihr euch in unsere Gnad und Ungnad ergebet, so wollen wir euch dermaßen annehmen und uns dermaßen gegen euch erzeigen, daß ihr dann noch nach Gelegenheit der Sachen unsere Gnad befinden sollet.» [155]

Dieser Brief schafft in zweifacher Hinsicht eine neue Lage: Da die Fürsten in erster Linie auf die Auslieferung Müntzers und seiner Fraktion zielen, ist abermals Müntzers nicht unbestritten gewesenes Konzept in Frage gestellt. Es liegt nun im wesentlichen an ihm und seiner mitreißenden Predigergabe, in diesem entscheidenden Augenblick jeden Zweifel an der göttlichen Sendung und am revolutionären Auftrag auszulöschen. Darüber verstreicht viel mehr Zeit als den Aufständischen lieb sein kann. Die innere Unsicherheit wird durch eine Verschlechterung der militärischen Position verstärkt. Die Fürsten schließen Frankenhausen ein, schneiden den Aufständischen die Fluchtwege in die angrenzenden Wälder ab und bringen ihre Geschütze in Stellung. Ein letztes Mal gelingt es Thomas Müntzer, das Vertrauen seiner Leute zu gewinnen. Die Frankenhäuser entschließen sich zum Kampf.

Kampfszene. Zeichnung von Hans Holbein d. J.

Über der Kampfstatt leuchtet ein Regenbogen oder eine ähnliche Lichterscheinung, die auch andernorts gesehen worden ist. Für Müntzers Partei muß dies Zeichen von tiefer Bedeutung sein, weil er eben dieses Zeichen auf dem Banner mit sich führt. Die Begeisterung sollte von kurzer Dauer sein. Über der Diskussion und über dem Bestaunen der Naturerscheinung vergessen die Aufständischen, sich auf den Stellungswechsel ihrer Gegner einzurichten. Zwei Bundesmitgliedern, Graf Wolfgang von Stolberg und Hans von Werthern, werden mit einer Gegenforderung ins Fürstenlager geschickt. Die Unterhändler erklären sich lediglich bereit, Müntzer durch eine öffentliche Disputation überwinden zu lassen, ein Ersuchen, das Müntzer zuvor selbst wiederholt gestellt hat. Nun aber sind die Fürsten an einer weiteren Verhandlung nicht mehr interessiert. Während die Aufständischen Müntzers Pfingsthymnus «Komm, heiliger Geist, Herre Gott!» anstimmen, eröffnen die Fürstlichen das Geschützfeuer auf die Wagenburg. Die buchstäblich genommene Zusage Müntzers, dies sei Gottes Streit und Gott werde beistehen, kann die große Enttäuschung nicht verringern. Binnen kurzem stiebt der Haufen auseinander. «In wüster Flucht eilte alles den Berg hinab, den rettenden Mauern der Stadt zu. Ihnen nach Reiter und Fußvolk, alles niederstechend, was sie antrafen. Nur ganz vereinzelnd setzten sich kleine Gruppen zur Wehr. Vergeblich. Zugleich mit den Fliehenden drangen die Truppen in die Stadt selbst ein. In den engen Gäßchen setzte sich das Morden fort, bis die Fürsten Einhalt geboten. Gegen 5000 Bauern waren gefallen, nur 600 gefangen. Kaum viel mehr werden sich durch die Flucht gerettet haben. Noch heute heißt ein Tälchen, das vom Schlachtberg herab zur Stadt führt, die Blutrinne. Die fürstlichen Truppen hatten dagegen nur 6 Tote...»[156]
Ernst Bloch ist nicht der einzige, der daran zweifelt, daß trotz des

Gefangene Bauern.
Holzschnitt, 1523

nicht gerade vorbildlich geführten und ausgestatteten Bauernhaufens «alles mit rechten militärischen Dingen zugegangen» sei.[157] Der rasche Sieg über die Aufständischen bei Frankenhausen setzte ein Zeichen für die Niederschlagung der Empörer in ganz Thüringen. Die Inhaber von Besitz und Macht folgten dem Rezept, das ihnen der Wittenberger Reformator «wider die mörderischen und räuberischen Rotten der Bauern» gegeben hatte. Bis weit nördlich des Harzes, bis ins Vogtland und Erzgebirge hin waren die Auswirkungen des fürstlichen Sieges zu spüren, bestätigt Günther Franz.

MÜNTZERS ENDE

Dem Blutbad vor den Toren Frankenhausens konnte Thomas Müntzer nur mit knapper Not entrinnen. Er befand sich unter den Fliehenden, die in die Stadt strömten. Im Haus am Angertor suchte er Unterschlupf – vergebens. Ein Landsknecht spürte ihn auf. Briefe, die Müntzer bei sich trug, wurden ihm zum Verhängnis. Er konnte sich nicht länger verleugnen. Da der Häscher 100 Gulden als Belohnung empfing, ist anzunehmen, daß für Müntzers Ergreifung ein Kopfgeld ausgesetzt war. Noch am 15. Mai gelangte Müntzer in die Hand dessen, dem er drei Tage zuvor brieflich angekündigt hatte: *Ich fahre daher* – Graf Ernst I. von Mansfeld in Heldrungen.

Zwölf Tage wurde der Gefangene grausamen Folterungen und peinlichen Verhören ausgesetzt. Die Berichte, wie er in der Bedrängnis standgehalten habe, gehen auseinander. Die einen schildern Müntzer als einen durch die Folter geistig und körperlich zerbrochenen Menschen, der am 17. Mai einen Widerruf unterschrieben und

der angesichts des Todes so sehr das Gleichgewicht verloren habe, daß er nicht einmal in der Lage gewesen sei, ohne fremde Hilfe das Glaubensbekenntnis zu sprechen. In dem angeblichen «Widerruf», von dem eine Abschrift in Dresden aufbewahrt wird, hat Müntzer eine Art General-Abbitte getan. Er soll um Verzeihung wegen «zu milder Predigt» und wegen Anstiftung zum Aufruhr gebeten haben; um Verzeihung auch, weil er das Fronleichnams-Sakrament verachtet hätte. Nun wolle er, so wird behauptet, als «ein eingeleibt und wiederum versöhnt Gliedmaß» der Kirche sterben, die er einst mutwillig verlassen habe. Dieser «Widerruf» kommt damit einer Rückkehr in den Schoß derjenigen Kirche gleich, die laut dem *Prager Manifest* vom *Nachttopf zu Rom* regiert wird. Hätte Müntzer zuletzt dies begehrt, müßte allerdings von seinem totalen Zusammenbruch geredet werden.

Wie kam es aber zu der Behauptung, Müntzer habe zum Schluß all die Grundsätze preisgegeben und widerrufen, für die er einst Tausende begeistert hatte? Wie kam es zu dieser Legendenbildung? Wer konnte an einer solchen Müntzer-Legende interessiert sein?

Noch während Müntzer im Turm zu Heldrungen gefangen lag, ließ Martin Luther «Eine schreckliche Geschichte und ein Gericht Gottes über Thomas Müntzer, darin Gott öffentlich desselbigen Geist Lügen straft und verdammt» hinausgehen, eine Schrift, von der allein neun Drucke bekannt sind; je eine Auflage wurde in Wittenberg, Erfurt, Leipzig, Dresden, Augsburg und Straßburg gedruckt. Nürnberg hatte gleich drei Auflagen dieses Pamphlets zu melden. Die breite Streuung der antimüntzerischen Schrift war gewiß kein Zufall. Nimmt man noch hinzu, daß auch Philipp Melanchthon und Johannes Agricola durch eigene Veröffentlichungen ihren Teil dazu beigetragen haben, ein ganz bestimmtes Bild von Müntzer in die Welt zu setzen, nämlich das Bild von einer Ausgeburt des leibhaftigen Teufels, der scheitern mußte, dann wird verständlich, weshalb den Wittenbergern so sehr daran lag, daß nicht historische Fakten, sondern deren absichtsvolle Verdrehung unters Volk kamen. Max Steinmetz hat dies in seiner Untersuchung zum Bild Müntzers seit Luther und Melanchthon bis zum Ausbruch der Französischen Revolution nachgewiesen.[158]

Aussagekräftiger als die Wittenberger Zweckpropaganda ist hierzu Müntzers letzter Brief an die Mühlhäuser, der ebenfalls auf den 17. Mai datiert ist. Hier bedient sich Müntzer einer nüchternen, von religiösem Überschwang befreiten Sprache: *Nachdem es Gott also wohlgefällt, daß ich von hinnen scheiden werde in wahrhaftiger Erkenntnis göttlichen Namens und* (in) *Erstattung etlicher Mißbräuche, vom Volk angenommen, mich nicht recht verstanden, alleine angesehen eigenen Nutz, der zum Untergang göttlicher Wahrheit gelanget, bin ichs auch herzlich zufrieden, daß es Gott also ver-*

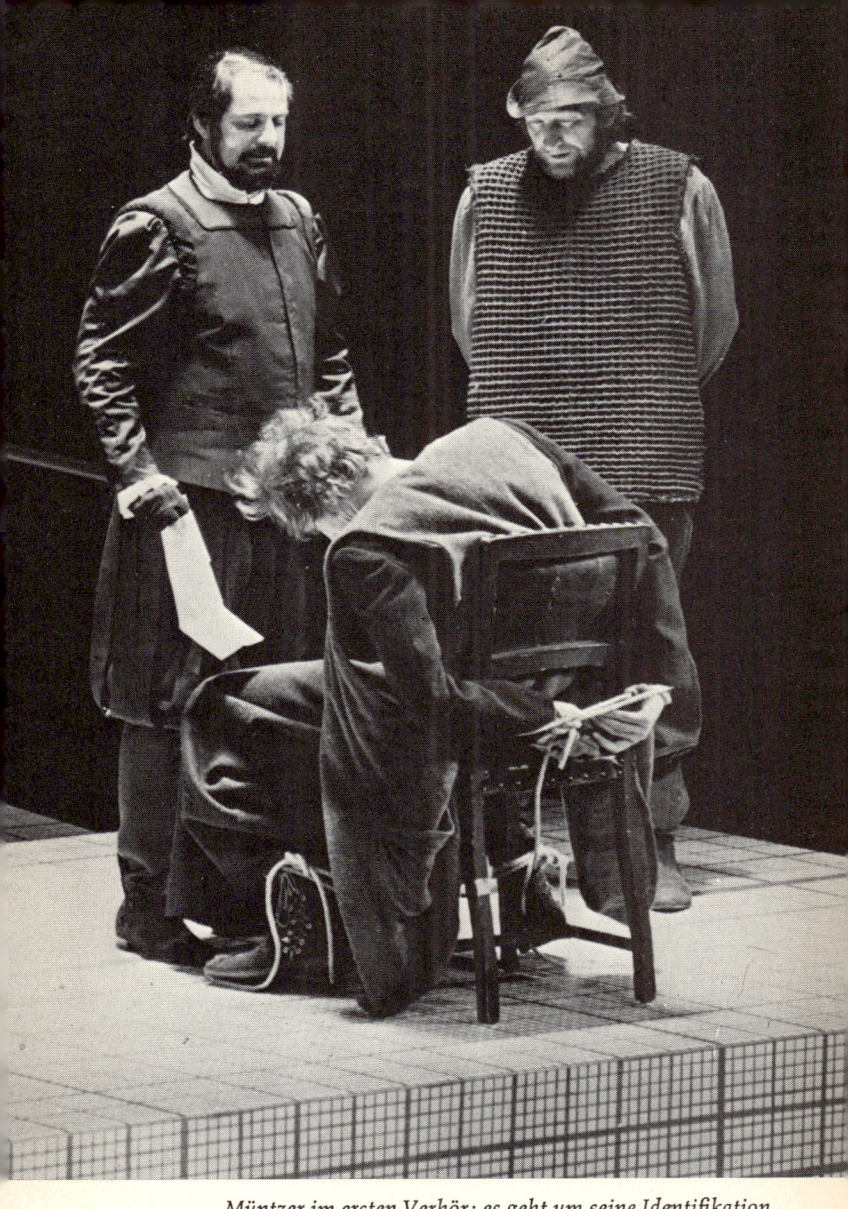

*Müntzer im ersten Verhör: es geht um seine Identifikation.
Szenenbild aus dem bereits genannten Schauspiel von Dieter Forte*

füget hat ... Dieser einleitende Satz ist so ausgelegt worden, daß Müntzer nach dem Scheitern dem Volk die Schuld für den Zusammenbruch zuschieben wollte. Man wird aber den Brief an die Mühlhäuser nicht von Müntzers ursprünglichen Zielen isolieren dürfen. Eigennutz bedeutete es ihm, wenn eine Stadt oder ein Bauern- oder Bürgerbund lediglich an die Lösung örtlicher, aktueller Probleme dachte und nicht ans grundsätzliche. Insofern hat der Brief vom 17. Mai nicht den Charakter einer Selbstrechtfertigung, sondern eher den eines Vermächtnisses. Hier findet man Elemente zu Müntzers politischem und sozialethischem Testament. *Darum sollt ihr euch meines Todes nicht ärgern, welcher zur Förderung der Guten und* (zur Warnung) *der Unverständigen geschehen ist.* Die Aufmerksamen unter seinen Hörern und Lesern konnten wissen, daß er spätestens seit dem *Prager Manifest* alles auf eine Karte gesetzt und sein Leben zum Pfand eingesetzt hatte. Der Kreuzestheologe Luther spottete gern über Müntzers Rede vom Kreuz. Dabei muß Müntzer von Anfang an die Möglichkeit des Scheiterns einkalkuliert haben, denn er sagte einst: *Ich will euch auch Rechenschaft geben, kann ich solche Kunst nicht, der ich mich höchlich rühme, so will ich sein ein Kind des zeitlichen und des ewigen Todes. Ich habe kein höher Pfand.*[159] Den Einsatz dieses Pfandes verlangte er von den Mühlhäusern jedoch nicht. Auch darin folgte er einer nüchternen Einschätzung der erkenntnismäßigen und moralischen Reife des Volkes. Daher begnügte er sich mit einem konkreten Rat, nämlich jedes weitere Blutvergießen zu vermeiden. Und die Lehre, die er von den Mühlhäusern aus der Niederlage von Frankenhausen gezogen wissen mochte, ist ebenfalls mit Müntzers politischer Grundkonzeption in Verbindung zu bringen. *Lieben Brüder, es ist euch hoch vonnöten, daß ihr solche Schlappen auch nicht empfanget wie die von Frankenhausen, denn solches ist ohne Zweifel entsprossen, daß ein jeder seinen eigenen Nutzen mehr gesucht denn die Rechtfertigung der Christenheit. Darum haltet guten Unterschied und nehmt eure Sache eben wahr, daß ihr nicht weiter verursacht euren Schaden.*[160] Mühlhausen nahm Müntzers Rat an. Die Bürgerschaft unterwarf sich den heranrückenden fürstlichen Truppen. Am 25. Mai fiel die freie Reichsstadt als letzter Stützpunkt der thüringischen Empörung in die Hände der Fürsten. Heinrich Pfeiffer hatte sich zuvor durch Flucht für wenige Tage in Sicherheit gebracht. Der Scharfrichter hatte indes vielerorts etwas zu tun. Dutzende Mühlhäuser, Allstedter, Salzaer und Frankenhäuser Bürger, deren aktive Teilnahme am Thüringer Aufstand nachgewiesen werden konnte, sind namentlich auf den Listen der Hinrichtungsurteile verzeichnet.

Nun war auch Müntzers letzte Stunde angebrochen. Herzog Georg ließ ihn am 23. Mai ins Feldlager der Fürsten nach Görmar vor Mühlhausen bringen. Der Luther-Anhänger Philipp von Hessen und der Katholik Georg von Sachsen redeten, jeder auf seine Weise, auf Müntzer ein, sich zu bekehren – ein weiteres Indiz dafür, daß Müntzer zu diesem Zeitpunkt noch einen Standpunkt aufzugeben gehabt hätte. Aus den Untersuchungen, die Max Steinmetz angestellt hat, ist zu folgern, daß Müntzer bis zuletzt standhaft blieb. Philipp von Hessen, der kaum im Verdacht stehen kann, Müntzer mehr Ehre anzutun als unbedingt nötig, hat in einem späteren Gespräch den Wunsch geäußert, einmal ein ebenso frommes Lebensende zu haben wie Thomas Müntzer. Und der Herzog von Braunschweig soll ausdrücklich gesagt haben, Müntzer habe wohl seine Irrtümer bekannt, Gott um Barmherzigkeit gebeten, jedoch nicht widerrufen.[161] Müntzers Wittenberger Feinde mußten gewichtige Gründe haben, wenn sie diese Nachrichten vom «christlichen Ende» des angeblichen Erzteufels Müntzer dadurch für immer aus den Annalen der Reformationsgeschichte getilgt wissen wollten, daß sie unter Einsatz ihrer ganzen Autorität einer Müntzer-Legendenbildung Vorschub leisteten.

Mit Heinrich Pfeiffer starb Thomas Müntzer am 27. Mai 1525 den Tod durch das Schwert. Die Häupter wurden auf Stangen gespießt

Vor dem Scharfrichter. Holzschnitt aus der Zeit Müntzers

Thomas Müntzer. Aus dem Turm ragt die «Regenbogenfahne».
Zeichnung nach einem Stich von C. van Sichem, 1525

und zur Abschreckung vor aller Augen aufgestellt. Die Obrigkeit, aber auch deren theologische Steigbügelhalter, hatten ihren Tribut. Es war ihnen gelungen, auf Jahrhunderte hinaus den Willen zu gesellschaftlicher Veränderung, die aus den Grundkräften des Evangeliums kommt, zu verhindern und jede revolutionäre, demokratisch-sozialistische Regung als Teufelei zu brandmarken.

THOMAS MÜNTZER UNTER UNS – VOR UNS

Thomas Müntzer, «der gleich einer roten Mohnblume auf dem steinigen Acker der Christenheit blühte» (Walter Nigg), konnte man töten. Man konnte ihn für einige Jahrhunderte in das Gespinst der Legende einhüllen. Unwirksam machen konnte man ihn auf die Dauer nicht. Auch das Blut derer, deren Schicksal es ist, das «Schwert Gideons» führen zu müssen und denen der Tyrannenmord als Gottesgebot in die Seele gebrannt ist, kann «Same der Kirche» werden, sofern man unter Kirche nicht gerade ein museales Objekt versteht.

Der Enthauptete, noch als Leichnam von gewissen Zeitgenossen gefürchtet, erhebt abermals sein Haupt, nicht weniger gebieterisch, nicht weniger herausfordernd und nicht weniger anklagend als der Prediger unter den Zwickauer Propheten, als der Verfasser der *Prager Manifests* oder als der Insurgent inmitten der Mansfelder Bergknappen. Gewiß fällt es nicht schwer, dem Schreiber der *Ausgedrückten Entblößung* religiösen Überschwang, dem Verfasser der *Fürstenpredigt* ein gutes Quantum Anmaßung und dem Schreiber der antilutherischen *Hochverursachten Schutzrede* einen Sack voll unflätiger Grobheiten vorzuwerfen. Aber das Schlagwort vom «Schwärmer» Müntzer, samt den ihm angehängten diabolischen Attributen, schlägt nicht mehr. Christen und Marxisten haben entdeckt, daß mit dem Namen des Mannes aus Stolberg die permanente Frage nach der sozialen Gerechtigkeit eng verknüpft ist und daß das mystische Entbrennen, die Sehnsucht nach dem kommenden Reich, die Suche nach der Realität des Spirituellen in der Schrift nicht in das Ghetto einer weltfernen Innerlichkeit gehören, sondern daß eben diese Innenerfahrung Impulse für eine Sendung und Aktivität mitten in den Realitäten dieser Welt freizusetzen vermag.

Wer in Thomas Müntzer nur den aufrührerischen Geist und den hemmungslosen Mordbrenner sieht, verkennt die Vielschichtigkeit seines Wesens. Schon allein die Tatsache, daß dem sorgfältigen Bibelkenner der Buchstabe als Basis für einen *gedichteten Glauben* nicht genügt, müßte ebenso zu denken geben wie die Beobachtung, daß der Hochgebildete mit Sachverstand und mit religiöser Hingabe für eine Erneuerung von Kultus und Gottesdienst wirkte, als andere reformatorisch Gesinnte vor den praktischen Konsequenzen eines neuen Sakramentsverständnisses noch zurückschreckten. Nicht genug damit. Bei aller Ungeduld, mit der Müntzer *die Sache des Herrn* betrieb und sich zum Anwalt der kleinen Leute machte, steckte er sich und den Seinen Ziele, die über den Erkenntnishorizont vieler seiner Zeitgenossen weit hinausgingen. Weder ein borniert Lokalpatriotismus noch die bloße Verfolgung von örtlich und zeitlich begrenzten Aufgaben konnten ihm genügen. Sein Blick war auf die weitgefaßte Ökumene des Geistes gerichtet, die die konfessionalistische Engstirnigkeit des 16., ja selbst des 20. Jahrhunderts hinter sich läßt. Lang bevor es üblich und möglich war, vom Dialog zwischen den Religionen zu sprechen, forderte er: *Ich will die Römer, Türken und den Heiden dabei haben. Denn ich spreche an, ich tadle die unverständige Christenheit zu Boden...*[162] Die Position des Außenseiters durfte er nicht scheuen: *Ich predige einen solchen Christenglauben, der mit dem Luther nicht einstimmt, sondern der da in allen Herzen der Auserwählten auf Erden gleichförmig ist, Psalm 67. Und wenn gleich ein geborener Türke da wäre, so hat er doch den Anfang des selbigen Glaubens, das ist die Bewegung des heiligen Geists... Drum wenn ich sollte verhöret werden vor der Christenheit, so muß man entbieten, kund tun und zuschreiben allen Nationen der Menschen, die im Glauben unüberwindliche Anfechtung erduldet haben, ihre Verzweiflung des Herzens erfunden und durch dieselben allenthalben erinnert werden.*[163] Menschenverbindende Kraft hat demnach einzig der Geist und die konkrete Erfahrung des Geistes, der allem Sein zugrunde liegt. Nicht mehr Christ oder Heide zu sein sind die ausschlaggebenden Kriterien menschlicher Existenz, sondern ob ein Mensch *auserwählt* oder *verdammt* ist. *Darauf sollte man die Schrift nützen, daß man über solche trefflichen Werke und solcher Leute Gezeugnis mit freundlichem Urteil einem jeden, er wäre Jude oder Türke, Unterrichtung täte und bewährte da die Geister, welche Gott oder dem Teufel zuständig sind.*[164]

So kannte Thomas Müntzer keine Konfession oder Nation; er kannte nur Menschen unter Gott. Auch kannte er keine Klassen, keine Titulaturen oder Rangstufen – er duldete nur Brüder.

ANMERKUNGEN

Die Müntzer-Zitate halten sich an die kritische Gesamtausgabe «Schriften und Briefe», unter Mitarbeit von Paul Kirn, hg. von Günther Franz. Rechtschreibung und Zeichensetzung sind der heute üblichen angepaßt.

B. bezeichnet die Nummer der Briefe, S. die Seitenzahl dieser Ausgabe, wobei die Ziffern nach dem Komma die Zeilen angibt (Beispiel: B. 64, S. 430, 16 = Brief 64 auf Seite 430, Zeile 16).

1 Ernst Bloch: «Atheismus im Christentum». Reinbek 1970 (= rowohlts deutsche enzyklopädie. 347/348/349). S. 14
2 Renate Riemeck: «Jan Hus – Reformation 100 Jahre vor Luther». Frankfurt a. M. 1966. S. 123
3 Bericht über Hans Böhms Predigt in: Peter Meinhold (Hg.), «Wegbereiter der Reformation». Bremen 1967. S. 237 f
4 Karl Gerhard Steck: «Luther und die Schwärmer». Zollikon-Zürich 1955. S. 7
5 *Prager Manifest*, S. 495
6 *Protestation*, S. 225 f
7 S. 548 f
8 B. 3, S. 349
9 Paul Wappler: «Thomas Müntzer in Zwickau und die Zwickauer Propheten». Gütersloh 1966. S. 7
10 Zit. bei Wappler, a. a. O., S. 28
11 *Prager Manifest*, S. 499, 19 f
12 *Fürstenpredigt*, S. 253, 17 f
13 Ernst Bloch: «Thomas Münzer». Frankfurt a. M. 1963. S. 19
14 M. M. Smirin: «Die Volksreformation des Thomas Münzer und der große Bauernkrieg». Berlin 1956. S. 83 f
15 a. a. O., S. 110
16 Vgl. den lateinischen Text in S. 360, 1 f
17 Brief des Egranus an Müntzer: S. 368, 3
18 Wappler, a. a. O., S. 45
19 Wappler, a. a. O., S. 45, Anm. 189
20 S. 491 f und 495 f
21 *Prager Manifest*, S. 495, 5–15
22 S. 500, 11 f
23 S. 503, 5 f
24 S. 493, 31–494, 8
25 S. 504, 10 f
26 S. 498, 7 f
27 S. 499, 15 f
28 S. 494, 14 f
29 S. 503, 25 f
30 S. 504, 12 f
31 S. 501, 25
32 S. 494, 15 f
33 S. 504, 30 f

34 B. 38, S. 387, 20 f
35 Zit. bei Smirin, a. a. O., S. 89 f
36 B. 44, S. 393 f
37 B. 45, S. 395, 8 f
38 B. 45, S. 396, 27 f
39 Carl Hinrichs: «Luther und Müntzer». Berlin 1952. S. 10 f
40 Hinrichs, a. a. O., S. 1 f
41 *Ordnung und Berechnung des deutschen Amts zu Allstedt*, S. 208, 3 f
42 Günther Franz, S. 26 f
43 S. 164, 28 f
44 S. 162, 14 f
45 S. 162, 21 f
46 S. 210, 10 f
47 Erwin Iserloh in: «Handbuch der Kirchengeschichte». Hg. von Hubert Jedin. Freiburg i. B. 1967. Bd. IV, S. 133
48 S. 211, 1 f
49 S. 212, 2 f
50 S. 213, 12 f
51 S. 213, 33 f
52 S. 211, 22
53 S. 220, 2 f
54 S. 222, 22 und 29
55 B. 46, S. 398, 4 f
56 B. 47, S. 398, 28
57 S. 400, 16
58 *Protestation*, S. 225
59 S. 236, 22
60 Hinrichs, a. a. O., S. 18
61 *Bekenntnis Thomas Müntzers*, S. 548, 14 f
62 B. 52, S. 407
63 B. 53, S. 408 f
64 B. 84, S. 463
65 B. 84, S. 463, 16 f
66 Smirin, a. a. O., S. 333
67 Hinrichs, a. a. O., S. 35 f
68 Manfred Bensing: «Thomas Müntzer und der Thüringer Aufstand 1525». Berlin 1966. S. 49 f
69 a. a. O., S. 50 f
70 An Jeori B. 61, S. 424
71 *Fürstenpredigt*, S. 242, 5–10
72 S. 244, 21
73 S. 249, 5–10
74 S. 250, 9–12
75 S. 251, 16–21
76 Gerhard Wehr: «Thomas Müntzer deutet die Schrift». In: «Die Christengemeinschaft», 43. Jg. 1971, S. 283 f
77 Zit. bei Steck, a. a. O., S. 25; weitere Belege bei Otto Dilschneider: «Ich glaube an den Heiligen Geist». Wuppertal 1969

78 S. 255, 20–26
79 S. 256, 17–21
80 S. 259, 1–6
81 S. 261, 28 f
82 Hinrichs, a. a. O., S. 63
83 B. 59, S. 421, 10 f
84 Hinrichs, a. a. O., S. 69
85 B. 59, S. 422, 3–12
86 B. 57, S. 417, 11–17
87 B. 57, S. 417, 19 f
88 B. 59, S. 422, 24 f
89 S. 422, 37 f
90 Hinrichs, a. a. O., S. 75 f
91 *Hochverursachte Schutzrede*, S. 343, 17–22
92 Über Müntzers prekäre Lage s. Hinrichs, a. a. O., S. 126 f
93 *Hochverursachte Schutzrede*, S. 342, 19 f
94 *Ausgedrückte Entblößung*, S. 267, 24–30
95 S. 298, 28–299, 34
96 S. 318, 22–37
97 S. 319, 14–19
98 Günther Franz: «Der deutsche Bauernkrieg». 8. Aufl. Bad Homburg 1969. S. 80
99 a. a. O., S. 89 f
100 Keßlers Bericht in: «Flugschriften des Bauernkrieges». Reinbek 1970 (= Rowohlts Klassiker. 526/527). S. 219
101 «Die 12 Artikel der Bauernschaft» in: Flugschriften, a. a. O., S. 14
102 Franz, a. a. O., S. 125
103 Martin Luther: «Von weltlicher Obrigkeit». Weimarer Ausgabe Bd. 11, S. 245–280
104 Paul Althaus: «Luthers Haltung im Bauernkrieg». Basel 1953. S. 8
105 Martin Luther: «Hauptschriften». Berlin 1951. S. 281–298
106 Luther, a. a. O., S. 299–333
107 B. 84, S. 463, 12–22
108 Martin Luther: «Ein Sendbrief vom harten Büchlein wider die Bauern». In: «Hauptschriften», a. a. O., S. 304–319
109 Kurt Dietrich Schmidt: «Grundriß der Kirchengeschichte». Göttingen 1967. S. 337
110 Walther von Loewenich: «Der Weg des Evangeliums». 7. Aufl. München 1966. S. 81
111 Hanns Lilje: «Martin Luther». Reinbek 1965 (= rowohlts monographien. 98). S. 91, 94 f
112 Martin Luther: «Tischreden». Weimarer Ausgabe Tr. 3, 75
113 In diesem Sinne – abgesehen von marxistischen Historikern – äußert sich zum Beispiel Erwin Iserloh im «Handbuch der Kirchengeschichte», a. a. O., S. 145; dagegen: Franz Lau in: Lutherjahrbuch 26 (1959), S. 104–134
114 Franz, a. a. O., S. 265
115 Bensing, a. a. O., S. 23

116 Karl Marx: «Zur Kritik der Hegelschen Rechtsphilosophie». In: Marx-Engels Werke I. Berlin 1956. S. 386
117 Bensing, a. a. O., S. 25
118 B. 65, S. 432
119 B. 75, S. 456, 1
120 Belege bei Bensing, a. a. O., S. 64
121 Zitiert nach Druckexemplar aus der Stadtbibliothek Nürnberg
122 B. 69, S. 439, 1 f
123 Bensing, a. a. O., S. 68 f
124 Dietrich Lösche: «Über die Lage der Bauern im Gebiet der freien Reichsstadt Mühlhausen». (Diss.) Berlin 1961; vgl. Bensing, a. a. O., S. 67 f
125 «Mühlhäuser Artikel» in: Flugschriften, a. a. O., S. 37–39
126 B. 70, S. 447, 19 f
127 S. 268, 22 f
128 Georg Baring: «Hans Denck und Thomas Müntzer in Nürnberg 1524». In: «Archiv für Reformationsgeschichte» 1959, H. 2, S. 145 f
129 Zettel zu B. 71, S. 450, 12–22
130 *Hochverursachte Schutzrede,* S. 343, 9–14
131 S. 544, 11–19; Bloch, a. a. O., S. 54
132 Max Steinmetz: «Das Müntzerbild in der Geschichtsschreibung von Luther und Melanchthon bis zur Französischen Revolution» (Habilitationsschrift [MS]). Jena 1956. S. 81 f
133 Zit. bei Steinmetz, a. a. O., S. 60 f
134 Bensing, a. a. O., S. 76 f
135 *Hochverursachte Schutzrede,* S. 322, 11–14
136 S. 325, 29–326, 10
137 S. 329, 27 f
138 S. 332, 1 f
139 S. 341, 27 f
140 B. 64, S. 430 f
141 Bensing, a. a. O., S. 91
142 Franz, a. a. O., S. 263
143 B. 88, S. 468, 16–24
144 Bloch, a. a. O., S. 76
145 B. 75, S. 454, 1–8
146 In Joachim Seyppel: «Texte deutscher Mystik des 16. Jahrhunderts». Göttingen 1963. S. 15 f. – Smirin hat insbesondere den starken Einfluß Taulers und der spätmittelalterlichen Ketzerbewegungen auf Müntzer hervorgehoben.
147 *Ausgedrückte Entblößung,* S. 308, 31 f
148 Alexander Weill: «Der Bauernkrieg». Weimar 1947. S. 163
149 B. 77, S. 457
150 Zit. bei Bensing, a. a. O., S. 122 f
151 Bensing, a. a. O., S. 151 f
152 B. 88, S. 467 f
153 B. 89, S. 469 f
154 B. 92, S. 472

155 B. 93, S. 472 f
156 Franz, a. a. O., S. 269
157 Bloch, a. a. O., S. 87
158 Steinmetz, a. a. O.
159 *Prager Manifest* (kürzere Fassung), S. 494, 27 f
160 B. 94, S. 473, 18 f
161 Bensing, a. a. O., S. 245
162 B. 52, S. 407, 23 f
163 B. 64, S. 430, 29 f
164 S. 278, 37–279, 7

ZEITTAFEL

Um 1490	Thomas Müntzer wird in Stolberg im Harz geboren; seine Jugendjahre verbringt er in Quedlinburg
1506	16. Oktober: Ein «Thomas Muntzer aus Quedlinburg» wird an der Universität Leipzig immatrikuliert
1512	Als Student in Frankfurt an der Oder; danach Priester der Diözese Halberstadt
1514	Der Rat der Altstadt Braunschweig repräsentiert «Thomas Munther Halberstadensis» für eine Altarpfründe in der St. Michaelskirche
1516	Als Propst im Nonnenkloster Forse, Kreis Aschersleben
1519	In Leipzig. Sehr wahrscheinlich Begegnung mit Martin Luther anläßlich dessen Disputation mit Johann Eck
Ende 1519	Als Beichtvater im Nonnenkloster Beuditz östlich von Naumburg
1520	Mai: Auf Luthers Empfehlung Übernahme einer Predigtstelle an der St. Marienkirche in Zwickau, zeitweilig Vertreter von Johannes Sylvius Egranus, dann Übernahme einer Pfarrstelle an der Katharinenkirche. Begegnung und Zusammenarbeit mit den «Zwickauer Propheten» (Nikolaus Storch und Markus Stübner). Kontakt mit spiritualistisch-taboritischen Kreisen. Auseinandersetzungen mit den Franziskanern
1521	16. April: Absetzung durch den Magistrat von Zwickau; Flucht nach Böhmen
	17./18. April: Luther hat sich vor dem Reichstag in Worms zu verantworten (Reichsacht; Schutzhaft auf der Wartburg unter der Obhut von Kurfürst Friedrich III. dem Weisen)
	1. November: Müntzer veröffentlicht sein *Prager Manifest*. Vergeblich sucht er an der hussitisch-taboritischen Tradition Böhmens anzuknüpfen. Danach vermutlich im Dienst eines Frauenklosters in Halle
1523	Ostern: Übernahme einer Predigerstelle an der Johanniskirche in Allstedt. Eine Periode fruchtbaren Schaffens beginnt: Durchführung von gottesdienstlichen Reformen; es entstehen liturgische und theologisch-politische Schriften. Zur Verwirklichung revolutionärer Pläne, für die auch die Fürsten gewonnen werden sollen, wird ein «Verbündnis» gegründet
	Ehe mit der ehemaligen Nonne Ottilie von Gersen
	Politisch-theologische Auseinandersetzungen mit dem Grafen Ernst I. von Mansfeld. Kurfürst Friedrich duldet Müntzers Aktivitäten
1524	Juni: Beginn der Bauernunruhen in der Grafschaft Stühlingen im Südschwarzwald
	13. Juli: *Fürstenpredigt* vor Herzog Johann und Kurprinz Johann Friedrich von Sachsen im Allstedter Schloß über 2. Buch Daniel

1. August: Müntzer muß sich seiner provokatorischen *Bundespredigt* vom 24. Juli wegen vor dem Landesherrn in Weimar verantworten

7./8. August: Da seine Lage in Allstedt unhaltbar geworden ist, verläßt er heimlich die Stadt und begibt sich nach Mühlhausen/Thüringen

Im Herbst Reise nach Süddeutschland. Kurzer Aufenthalt in Nürnberg, wo die letzten beiden Schriften *Ausgedrückte Entblößung des falschen Glaubens* und das Anti-Luther-Pamphlet *Hochverursachte Schutzrede* gedruckt und vom Magistrat kurz danach eingezogen werden. Weiterreise in den Südschwarzwald zu den aufständischen Bauern. Begegnung mit Balthasar Hubmaier und mit Johannes Ökolampad

1525 Rückkehr nach Mühlhausen

28. Februar: Anstellung an der Marienkirche. Der thüringische Aufstand strebt seinem Höhepunkt zu

März: Die «12 Artikel» der Bauernschaft erscheinen

April: Luther antwortet mit seiner «Ermahnung zum Frieden auf die zwölf Artikel». Bauern und Fürsten rüsten zur kriegerischen Auseinandersetzung

1. Mai: Müntzer zieht mit Aufständischen ins Eichsfeld

5. Mai: Kurfürst Friedrich stirbt

Luthers «Wider die räuberischen und mörderischen Rotten der Bauern»

10. Mai: Müntzer zieht mit seinen Anhängern nach Frankenhausen. Das Heer der Fürsten unter Landgraf Philipp von Hessen und Herzog Georg von Sachsen rückt zusammen mit braunschweigischen Söldnern gegen Frankenhausen vor

14. Mai: Vorhutgefecht der Aufständischen mit Philipps Truppen geht für die Bauern günstig aus

15. Mai: Letzter Briefwechsel zwischen Bauernschaft und Fürsten. Nach kurzem Kampf werden die Bauern vernichtend geschlagen. Müntzer wird in Frankenhausen gefangengenommen, nach Schloß Heldrungen gebracht und gefoltert

27. Mai: Zusammen mit Heinrich Pfeiffer wird Müntzer im Lager der Fürsten auf dem Feld vor Mühlhausen mit dem Schwert hingerichtet

ZEUGNISSE

Martin Luther

Wohlan, wer den Müntzer gesehen hat, der mag sagen, er habe den Teufel leibhaftig gesehen in seinem höchsten Grimme. Ebenso [wie Erasmus] habe ich auch Müntzer getötet; der Tod liegt auf meinem Hals. Ich tat es aber deshalb, weil er selbst meinen Christus töten wollte.

Tischreden. 1533

Philipp Melanchthon

Der Teufel hat einen besessen, der hieß Thomas Müntzer, der war in der heiligen Schrift wohlgelehrt, blieb aber nicht auf der Bahn bei der heiligen Schrift, sondern der Teufel narrte ihn und trieb ihn von der Schrift, daß er anfing, nicht mehr vom Evangelium zu predigen und wie die Leute sollten fromm werden, sondern erdichtete sich aus falschem Verstand der heiligen Schrift falsche und aufrührerische Lehre.

Die Histori Thome Müntzers. 1525

Gottfried Arnold

Wiewohl die schweren Mißhandlungen und Exzesse des in der «historia» genugsam beschriebenen Thomä Müntzers an sich selbst unleugbar und entsetzlich sind, so möchte doch ein in den Wegen Gottes ungeübter Leser etwas aus folgenden Schriften desselben ersehen, wie Gottes Geist ihm nicht gänzlich entstanden sei, daß er nicht bei ihm auch anklopfet und ihn zu etwas Gutem getrieben habe.

Unparteiische Kirchen- und Ketzerhistorie. 1699

Friedrich Engels

Die Vorwegnahme des Kommunismus durch die Phantasie wurde in der Wirklichkeit eine Vorwegnahme der modernen bürgerlichen Verhältnisse. Diese gewaltsame, aber dennoch aus der Lebenslage der plebejischen Fraktion sehr erklärliche Vorwegnahme auf die spätere Geschichte finden wir zuerst in Deutschland, bei Thomas Münzer und seiner Partei. Bei den Taboriten hatte allerdings eine Art chiliastischer Gütergemeinschaft bestanden, aber nur als rein militärische Maßregel. Erst bei Münzer sind diese kommunistischen Anklänge Ausdruck der Bestrebungen einer wirklichen Gesellschaftsfraktion,

erst bei ihm sind sie mit einer gewissen Bestimmtheit formuliert, und seit ihm finden wir sie in jeder großen Volkserschütterung wieder, bis sie allmählich mit der modernen proletarischen Bewegung zusammenfließen.
Der deutsche Bauernkrieg. 1850

KARL KAUTSKY

Die wütenden Angriffe, welche die Anwälte der herrschenden Klassen seit Luther und Melanchthon bis auf unsere Tage gegen Münzer mehr als gegen jeden anderen Kommunisten und Revolutionär seiner Zeit richten, sind gerade das mächtigste Mittel geworden, das Andenken an ihn im Volke wach zu halten und ihm dessen Sympathien ungeschmälert zu bewahren. Münzer war und ist heute noch im Volksbewußtsein die glänzendste Verkörperung des rebellischen, ketzerischen Kommunismus.
Vorläufer des neueren Sozialismus. 1909

WALTER NIGG

Noch immer schreitet der als gewalttätiger Mordbrenner verschriene Mann unverstanden durch die Geschichte... Müntzers Persönlichkeit bedeutet vielfach eine Verlegenheit: Die Lutheraner können wegen seiner maßlosen Polemik gegen den Reformator nicht ja zu ihm sagen, und die sozialistischen Historiker stehen seinen mystischen Bestrebungen hilflos gegenüber. Der Verfasser «Von dem gedichteten Glauben» kann nicht eingeordnet werden, weil er die üblichen Fronten überschreitet und für jeden biederen Pastorenstandpunkt stellt er eine allzu aufreizende Erscheinung dar... Müntzers Leben war ein Drama – der Held wollte das Höchste und erlebte den tiefsten Sturz. Gespannt schaut man dem fiebrigen Manne zu, dessen Fanfarentöne den eigenen Untergang ankündigen. In Müntzers Gestalt wirkt sich ein Verhängnis aus: Von ihm sind mannigfache Anregungen ausgegangen, und trotzdem hat er durch seine Verquickung von Prophetie und Politik die Mystik von der gekreuzigten Wahrheit schwer kompromittiert... Wenn es auch in seiner düsteren Landschaft dem Menschen beklommen zu Mute wird, so sprach Müntzer doch eine Gefolgschaft verlangende, von christlicher Glut durchpulste Botschaft aus.
Heimliche Weisheit. 1959

Ernst Bloch

Münzer brach am jähesten ab und hat doch das Weiteste gewollt. Der ihn tätig Betrachtende also hat das Heute und das Unbedingte daran abgehaltener, überblickbarer als im allzu schnellen Erlebnis, und doch gleich ungedämpft. Münzer vor allem ist Geschichte im fruchtbaren Sinn; er und das Seine und alles Vergangene, das sich lohnt, aufgeschrieben zu werden, ist dazu da, uns zu verpflichten, zu begeistern, das uns stetig Gemeinte immer breiter zu stützen.

Thomas Münzer. 1960

Hanns Lilje

Wer die blutige Episode des Bauernkrieges in allen ihren Zusammenhängen überdenkt und die handelnden Gestalten in dieses grausame Bild einzuzeichnen versucht, der wird immer dazu neigen, in Thomas Münzer den konsequenteren, vielleicht auch den in viel stärkerem Maße heroischen Akteur zu sehen. Münzer, der wie alle Enthusiasten in geistigen Dingen viel radikaler war [als Luther], kann nicht nur den Ruhm für sich in Anspruch nehmen, als erster eine völlig konsequente deutsche Messe durchgeführt zu haben; er hat auch, wiederum wie alle Utopisten bis hin zu Tolstoj, viel konsequenter als Martin Luther den Versuch gemacht, die Regeln der Bibel in das politische, und das heißt in seinem Falle in das sozialrevolutionäre Gebiet zu übertragen. Man wird ihm auch zugestehen müssen, daß er bis zuletzt dieser seiner Überzeugung treu geblieben ist. Und wenngleich sich die letzten Tage und Stunden dieses «Theologen der Revolution» für die Geschichte im Dunkel verlieren, verdienen doch unter den erhaltenen echten oder apokryphen Berichten diejenigen Glauben, die von seinem unbeirrten Weg auf das Schafott berichten. Es ist kein Zweifel, daß Thomas Münzer, wie alle solche sozialen Radikalisten, für den Augenschein die bessere Figur machte als Martin Luther.

Martin Luther. 1965

Manfred Bensing

Müntzer blieb niemals historische Vergangenheit, war stets Gegenwart, weil alle Aufgaben, die die Geschichte seither in Angriff genommen hat, von ihm bereits gedacht worden waren, weil seine Gedanken, so phantastisch und unbestimmt sie in seiner Zeit auch sein mußten, sich in der Richtung immerwährenden gesellschaftlichen Fortschritts bewegten.

Thomas Müntzer und der Thüringer Aufstand 1525. 1966

BIBLIOGRAPHIE

1. Bibliographien

FRANZ, GÜNTHER: Bibliographie der Schriften Thomas Müntzers. In: Zeitschrift des Vereins für thüringische Geschichte und Altertumskunde. Neue Folge 34/1940, S. 161–173
SCHOTTENLOHER, KARL: Bibliographie zur deutschen Geschichte im Zeitalter der Glaubensspaltung 1517–1585. Bd. 2, Nr. 16002–16008. Leipzig 1935; Bd. 5, Nr. 48363–48382. Stuttgart 1958

2. Werkausgaben

a) Kritische Gesamtausgabe

Thomas Müntzer: Schriften und Briefe. Unter Mitarbeit von PAUL KIRN, hg. von GÜNTHER FRANZ. Gütersloh 1968 (= Quellen und Forschungen zur Reformationsgeschichte, hg. vom Verein für Reformationsgeschichte. Band XXXIII) – Rezensionen: Zeitschrift für Geschichtswissenschaft 17 (1969), S. 739–748; Luther-Jahrbuch 38 (1971), S. 121–131, 39 (1972), S. 110–120

b) Auswahlbände

ENDERS, ERNST LUDWIG: Aus dem Kampf der Schwärmer gegen Luther. Neudrucke deutscher Literaturwerke des XVI. und XVII. Jahrhunderts. Halle 1893
SMEND, J.: Die evangelischen deutschen Messen bis zu Luthers deutscher Messe. Göttingen 1896
SEHLING, E.: Die evangelischen Kirchenordnungen des 16. Jahrhunderts. Leipzig 1902. Bd. I, S. 470 f
BÖHMER, H., und P. KIRN (Hg.): Thomas Müntzers Briefwechsel. Leipzig 1931
BRAND, O.: Thomas Müntzer, sein Leben und seine Schriften. Jena 1933
MEHL, O. J.: Thomas Müntzers Deutsche Messen und Kirchenämter mit Singnoten und liturgischen Abhandlungen. Grimmen 1937
HINRICHS, CARL (Hg.): Thomas Müntzer. Politische Schriften (mit Kommentar). Halle 1950 (= Hallische Monographien. 17)
STRELLER, SIEGFRIED (Hg.): Thomas Müntzer. Die Fürstenpredigt und andere politische Schriften. Leipzig 1956
WILLIAMS, G. H.: Spiritual and anabaptist writers. Documents illustrative of radical reformation. London 1957
FAST, HEINOLD (Hg.): Der linke Flügel der Reformation. Glaubenszeugnisse der Täufer, Spiritualisten, Schwärmer und Antitrinitarier. Bremen 1962. S. 271–296
FRANZ, GÜNTHER (Hg.): Thomas Müntzer. Die Fürstenpredigt. Theologisch-politische Schriften. Stuttgart 1967

SCHULTZ, HANS JÜRGEN (Hg.): Die Wahrheit der Ketzer. Stuttgart 1968. S. 290–300
SEYPPEL, JOACHIM: Texte deutscher Mystik des 16. Jahrhunderts. Göttingen 1963. S. 21–29
KACZEROWSKY, KLAUS (Hg.): Flugschriften des Bauernkrieges. Reinbek 1970. S. 85–122 (= Rowohlts Klassiker der Literatur und der Wissenschaft. 526/527)
WEHR, GERHARD (Hg.): Thomas Müntzer. Schriften und Briefe. Frankfurt a. M. 1973 (= Fischer Taschenbuch. 1378)

3. Zur Reformationsgeschichte

Gesamtdarstellungen, Einzeluntersuchungen und Werkausgaben Luthers finden sich z. B. in Hanns Lilje: Martin Luther. Reinbek 1965 (= rowohlts monographien. 98). S. 134–152

ALAND, KURT: Eine Anmerkung zu Luthers Stellung im Bauernkrieg. In: Theol. Lit. Zeitung 24 (1949), S. 299–303
ALTHAUS, PAUL: Luthers Haltung im Bauernkrieg. In: Luther-Jahrbuch 1925. S. 1–39 – Neudruck: Darmstadt 1952
ANDREAS, WILLY: Deutschland vor der Reformation. Stuttgart–Berlin 1942
BARGE, HERMANN: Andreas Bodenstein von Karlstadt. Leipzig 1905
BELOW, GEORG VON: Die Ursachen der Reformation. München–Berlin 1917
BORNKAMM, HEINRICH: Luthers geistige Welt. Gütersloh 1960
  Das Jahrhundert der Reformation. Gestalten und Kräfte. Göttingen 1965
BÖRSCH, E.: Geber, Gabe, Aufgabe. Luthers Prophetie in den Entscheidungsjahren seiner Reformation 1520–1525. München 1958
CLOS, A.: Zur näheren Bestimmung der Abfassungszeit von Luthers Schrift «Wider die räuberischen und mörderischen Rotten der Bauern». In: Archiv für Reformationsgeschichte 33 (1936), S. 126 f
COUTTS, ALFRED: Hans Denck, humanist and heretic. Edinburgh 1927
DOERIES, H.: Luther nach dem Bauernkrieg. In: Ecclesia und res publica. Festgabe für K. D. Schmidt. Göttingen 1961
DOHNA, LOTHAR GRAF ZU: Reformatio Sigismundi. Beiträge zum Verständnis einer Reformschrift des 15. Jahrhunderts. In: Veröffentlichungen des Max-Planck-Instituts für Geschichte 4/1960
FÖRSTEMANN, KARL EDUARD: Neues Urkundenbuch zur Geschichte der evangelischen Kirchen-Reformation. Hamburg 1842. S. 228–258
GESS, FELICIAN (Hg.): Akten und Briefe zur Kirchenpolitik Herzog Georgs von Sachsen. Leipzig 1917
GOERTZ, H. J. (Hg.): Die Mennoniten. Stuttgart 1971 (= Die Kirchen der Welt. VIII)
GOTHEIN, E.: Politische und religiöse Volksbewegungen vor der Reformation. Breslau 1878
GRESCHAT, M.: Luthers Haltung im Bauernkrieg. In: Archiv für Reformationsgeschichte 65 (1965), S. 31–47
HEGE, ALBRECHT: Hans Denck (1495–1527). [Diss.] Tübingen 1942

HILLERBRAND, H. J.: Bibliographie des Täufertums 1520–1630. In: Quellen und Forschungen zur Reformationsgeschichte, Bd. XXX = Quellen zur Geschichte der Täufer Bd. X. Gütersloh 1962
Brennpunkte der Reformation. Göttingen 1967
HOCHHUT, KARL: Landgraf Philipp und die Wiedertäufer. In: Zeitschrift für historische Theologie 28/1858
HOLL, KARL: Luther und die Schwärmer. Gesammelte Aufsätze Bd. I. S. 420–467. 4. Aufl. Tübingen 1927
JOACHIMSEN, P.: Die Reformation als Epoche der deutschen Geschichte. (Hg. von O. Schottenloher.) München 1951
JORDAN, REINHARD: Chronik der Stadt Mühlhausen in Thüringen. Bd. 1. Mühlhausen 1900
KELLER, LUDWIG: Ein Apostel der Wiedertäufer [über Hans Denck]. Leipzig 1882
KLAEHN, K.: Luthers sozialethische Haltung im Bauernkrieg. [Diss.] Rostock 1940
KLAUS, BERNHARD: Die Nürnberger Deutsche Messe 1524. In: Jahrbuch für Liturgik und Hymnologie 1955. S. 1–46
KOCH, HANS-GERHARD: Luthers Reformation in kommunistischer Sicht. Stuttgart 1967
KRUMWIEDE, H. W.: Zur Entstehung des landesherrlichen Kirchenregiments in Kursachsen und Braunschweig-Wolfenbüttel. Göttingen 1967
LAU, FRANZ: Luther, Revolutionär oder Reaktionär? Glaubensentscheidung zwischen Mittelalter und Neuzeit. In: Luther 28 (1957), S. 109 f
LAU, F., und E. BIZER: Reformationsgeschichte Deutschlands bis 1555 [Lieferung K zu: Die Kirche in ihrer Geschichte (hg. von K. D. Schmidt und Ernst Wolf)]. Göttingen 1964
LECLER, J.: Die Geschichte der Religionsfreiheit im Zeitalter der Reformation. Stuttgart 1965
LITTELL, F. H.: Landgraf Philipp und die Toleranz. Ein christlicher Fürst, der linke Flügel der Reformation und der christliche Primitivismus. Nauheim 1957
LOEWENICH, WALTHER VON: Reformation oder Revolution? In: Festgabe für Joseph Lortz. Baden-Baden 1958
MATTHES, KURT: Luther und die Obrigkeit. München 1937
MAURER, WILHELM: Luther und die Schwärmer. In: Schriften des Theologischen Konvents Augsburgischen Bekenntnisses, H. 2. Berlin 1952
MÜLLER, NIKOLAUS: Die Wittenberger Bewegung 1521 und 1522. Leipzig 1911
MÜLLER-STREISAND, M.: Luthers Weg von der Reformation zur Restauration. Halle 1964
NEUSER, WILHELM: Hans Hut. Leben und Wirken bis zum Nikolsburger Religionsgespräch. [Diss.] Bonn 1913
NIGG, WALTER: Das ewige Reich. Geschichte einer Hoffnung. Zürich–Stuttgart 1954 – Neuausgabe: München 1967
ROMMEL, CHRISTOPH VON: Philipp der Großmütige, Landgraf von Hessen (I/III). Gießen 1830
SCHATTENMANN, PAUL: Karlstadt in Rothenburg. In: Einzelarbeiten aus der

Kirchengeschichte Bayerns, hg. vom Verein für bayerische Kirchengeschichte. Bd. VII (1928), S. 50–71

SCHUBERT, HANS VON: Revolution und Reformation im 16. Jahrhundert. Tübingen 1927

SMIRIN, M. M.: Deutschland vor der Reformation [Aus dem Russ. von Johannes Nichtweiß]. Berlin 1955

STECK, KARL GERHARD: Luther und die Schwärmer. Zürich 1955 (= Theologische Studien. 44)

STÖHR, MARTIN: Erwägungen zum Thema Reformation und Revolution. In: R. Schmidt, Die Bedeutung der Reformation für die Welt von morgen. Frankfurt a. M. 1967. S. 174–186

VITTALI, OTTO ERICH: Die Theologie des Wiedertäufers Hans Denck. [Diss.] Offenburg 1932

VÖLKER, KARL: Toleranz und Intoleranz im Zeitalter der Reformation. Leipzig 1912

WERNER, ERNST: Messianische Bewegungen im Mittelalter. In: Zeitschrift für Geschichtswissenschaft 1962, Heft 3

WIBBELING, WILHELM: Luther und der Bauernkrieg. 1925

ZIRNBAUER, HEINZ: Luther und die Nürnberger Reformation. Nürnberg 1958

4. Zur Geschichte des Bauernkrieges

Akten zur Geschichte des Bauernkrieges in Mitteldeutschland. Hg. von O. MERX, G. FRANZ und W. P. FUCHS. Leipzig 1923 – Neudruck: Aalen 1964

BENSING, MANFRED: Friedrich Engels' Schrift über den deutschen Bauernkrieg – ihre aktuelle Bedeutung 1850 und ihre Rolle bei der Herausbildung der marxistischen Geschichtswissenschaft. In: Friedrich Engels' Kampf und Vermächtnis. Berlin 1961. S. 158 f

BENSING, M., und S. HOYER: Der deutsche Bauernkrieg 1524–1526. Kleine Militärgeschichte. Berlin 1965

BLOCH, ERNST: Blick in den Chiliasmus des Bauernkrieges und Widertäufertums. In: Genius 2 (1920), S. 310–313

BUBBE, WALTER: Der Bauernkrieg im Unstruttal. In: Forschung und Leben 1 (1926/27), S. 368 f

CZOK, K.: Revolutionäre Volksbewegungen in mitteldeutschen Städten zur Zeit der Reformation und des Bauernkriegs. In: 450 Jahre Reformation. Hg. von L. STERN und M. STEINMETZ. Berlin 1967 [Zugrunde gelegt ist die gleichnamige Habilitationsschrift von Max Steinmetz. Leipzig 1963]

DROYSEN, GUSTAV VON: Zur Schlacht bei Frankenhausen 1525. In: Zeitschrift für Preußische Geschichte und Landeskunde Berlin 1873. Bd. 10, S. 590–617

ENGELS, FRIEDRICH: Der deutsche Bauernkrieg. In: Marx–Engels Werke Bd. 7. Berlin 1960

FALCKENHEINER, WILHELM: Philipp der Großmütige im Bauernkriege. Marburg 1887

Förstemann, Carl Eduard (Hg.): Zur Geschichte des Bauernkrieges im Thüringischen und Mansfeldischen. In: Neue Mitteilungen aus dem Gebiet hist.-antiquarischer Forschungen 12/1869

Franz, Günther: Die Entstehung der 12 Artikel der deutschen Bauernschaft. In: Archiv für Reformationsgeschichte 36 (1936), S. 193–213
Der deutsche Bauernkrieg. 1. Aufl. Berlin–München 1933 – 8. Aufl. Bad Homburg 1969

Franz, Günther (Hg.): Quellen zur Geschichte des Bauernkrieges. Darmstadt–München 1963

Fuchs, W. P.: Akten zur Geschichte des Bauernkrieges in Mitteldeutschland. Bd. 2. Jena 1942

Greiner, D.: Der große Bauernkrieg und Thomas Müntzer 1525. Leipzig 1925

Günther, Gerhard: Müntzer und der Bauernkrieg in Thüringen. In: Beiträge zur Geschichte Thüringens 1968, S. 172–206

Hantsch, H.: Der deutsche Bauernkrieg. Würzburg 1925

Jordan, Reinhard: Zur Schlacht bei Frankenhausen. In: Zur Geschichte der Stadt Mühlhausen in Thüringen, Heft 4. Mühlhausen 1904

Jörg, J. E.: Deutschland in der Revolutionsperiode 1522–1526. Freiburg i. B. 1851

Kaczerowsky, Klaus (Hg.): Flugschriften des Bauernkrieges. Reinbek 1970 (= Rowohlts Klassiker der Literatur und der Wissenschaft. 526/527)

Kamnitzer, Heinz: Zur Vorgeschichte des deutschen Bauernkrieges. Berlin 1953

Kaser, Kurt: Politische und soziale Bewegungen im deutschen Bürgertum zu Beginn des 16. Jahrhunderts. Stuttgart 1899

Kautsky, Karl: Vorläufer des neueren Sozialismus (I/II). Berlin 1909 – Neudruck: Berlin 1947

Kawerau, Gustav: Zur Geschichte des Klosterstürmens im Bauernkriege. In: Zeitschrift des Harzvereins 13 (1880), S. 330 f

Kelter, E.: Die wirtschaftlichen Ursachen des Bauernkrieges. In: Schmollers Jahrbuch 65/1941, S. 641–682

Kessler, Johann: Sabbata. Hg. von E. Egli und R. Schoch. St. Gallen 1902

Klett, Bernhard: Die bäuerlichen Unruhen in Mühlhausen in Thüringen und der Bauernkrieg in Nordwest-Thüringen. In: Der Pflüger 2 (1925), S. 193 f

Knieb, Philipp: Der Bauernkrieg auf dem Eichsfelde. In: Unser Eichsfeld 1912, H. 7

Krebs, Richard: Der Bauernkrieg in Franken. Buchen/Baden 1925

Lamprecht, K.: Das Schicksal des deutschen Bauernstandes bis zu den agrarischen Unruhen des 15. und 16. Jahrhunderts. In: Preußische Jahrbücher LVI/1885

Lau, Franz: Der Bauernkrieg und das angebliche Ende der lutherischen Reformation als Volksbewegung. In: Luther-Jahrbuch 1959, S. 109–134

Lenz, Max: Zur Schlacht bei Frankenhausen. In: Historische Zeitschrift 69/1892

Lösche, Dietrich: Zur Lage der Bauern im Gebiet der ehemaligen freien

Reichsstadt Mühlhausen i. Th. zur Zeit des Bauernkrieges. In: Die frühbürgerliche Revolution. Berlin 1961. S. 64 f
LÜTGE, FRIEDRICH: Luthers Eingreifen in den Bauernkrieg in seinen sozialgeschichtlichen Voraussetzungen und Auswirkungen. In: Jahrbuch für Nationalökonomie 158/1943, S. 369–401
MERX, OTTO: Der Bauernkrieg in den Stiften Fulda und Hersfeld und Landgraf Philipp der Großmütige. In: Zeitschrift des Vereins für hessische Geschichte und Landeskunde NF 28/1904
MÜLLER, HELMUT: Die Forderungen der thüringischen Städte im Bauernkrieg. In: Die frühbürgerliche Revolution in Deutschland. Berlin 1961. S. 138 f
RAUCH, GEORG VON: Der deutsche Bauernkrieg in sowjetischer Sicht. In: Osteuropa 1958, H. 5
ROSENKRANZ, A.: Der Bundschuh. Bd. I. Darstellung. Heidelberg 1927
RÖSSLER, H.: Über die Wirkungen von 1525. In: Wege und Forschungen zur Agrargeschichte 1968, S. 104–114
SCHMIDT, J.: Das göttliche Recht und seine Bedeutung im Bauernkrieg. [Diss.] Jena 1939
SCHMÖGER, KARLHEINZ: Der Bauernkrieg im oberen Werratal. Suhl 1958
SEIDEMANN, JOHANN KARL: Das Ende des Bauernkrieges in Thüringen. In: Neue Mitteilungen aus dem Gebiet hist.-antiquar. Forschungen 14/1878
Beiträge zur Geschichte des Bauernkrieges in Thüringen. In: Forschungen zur deutschen Geschichte 11/1871; 14/1874
STEMPELL, R.: Der Bauernkrieg auf dem Eichsfeld. In: Zeitschrift des historischen Vereins für Niedersachsen 76/1911, H. 4
STERN, A.: Über die zwölf Artikel der Bauern. Leipzig 1868
STOLZE, WILHELM: Der deutsche Bauernkrieg. Untersuchungen über seine Entstehung und seinen Verlauf. Halle 1908
Bauernkrieg und Reformation. In: Schriften des Vereins für Reformationsgeschichte 44/1926, H. 2
THÜNGEN, R. VON: Der Bauernkrieg in Franken unter Konrad III, Bischof von Würzburg. Würzburg 1926
VOGT, W.: Vorgeschichte des Bauernkrieges. Halle 1887
WASS, ADOLF: Die Bauern im Kampf um Gerechtigkeit 1300–1525. München 1964
WEILL, ALEXANDER: Der deutsche Bauernkrieg. Weimar 1947
WELDER, E.: Der politische Gehalt der 12 Artikel von 1525. In: Schweizer Beiträge zur allgemeinen Geschichte 12/1954, S. 5–22
ZIMMERMANN, WILHELM: Geschichte des großen Bauernkrieges. Stuttgart 1856
ZÖLLNER, WALTER: Zur Geschichte des großen deutschen Bauernkrieges. Dokumente und Materialien. Berlin 1961
Melanchthons Stellung zum Bauernkrieg. In: Philipp Melanchthon 1497–1960. Berlin 1963. Bd. 1, S. 174–189
ZSCHÄBITZ, GERHARD: Die mitteldeutsche Wiedertäuferbewegung nach dem Bauernkrieg. Berlin 1959
Über den Charakter und die historischen Aufgaben von Reformation und Bauernkrieg. In: Zeitschrift für Geschichtswissenschaft 1964, S. 277 f

5. Darstellungen zu Leben und Werk

BACZKO, LUDWIG VON: Thomas Münzer, dessen Charakter und Schicksale. Halle–Leipzig 1812

BENSING, MANFRED: Thomas Müntzer. Leipzig 1965 [Mit 92 Abbildungen]

BLOCH, ERNST: Thomas Münzer als Theologe der Revolution. München–Berlin 1922 – Neuausg.: Frankfurt a. M. 1963

Thomas Münzer. In: Die Wahrheit der Ketzer. Hg. von H. J. SCHULTZ. Stuttgart–Berlin 1968. S. 108–118

ELLIGER, WALTER: Thomas Müntzer. Berlin 1960 (= Erkenntnis und Glaube. 16)

Thomas Müntzer. In: Theologische Literaturzeitung 90 (1965), S. 9

FREUND, MICHAEL: Thomas Müntzer. Revolution und Glaube. Potsdam 1936

HUNT, R. N. C.: Thomas Müntzer. In: Church Quarterly Review 126 (1938), S. 213–244; 1939, S. 227–267

ISERLOH, ERWIN: Die «Schwärmer» Karlstadt und Müntzer. In: Handbuch der Kirchengeschichte. Hg. von HUBERT JEDIN. Freiburg i. B. 1967. Bd. IV, S. 118–139

MACEK, JOSEF: Thomas Müntzer. Prag 1955

MELANCHTHON, PHILIPP: Historie Thomae Müntzers des Anfängers des thüringischen Aufruhrs. Hagenau 1525

MEUSEL, ALFRED: Thomas Müntzer und seine Zeit. Berlin 1952

Thomas Müntzer [Vortrag]. Jena–Leipzig 1954

NIGG, WALTER: Thomas Müntzer, Kreuzesmystik in stürmischer Zeit. In: Heimliche Weisheit. Zürich–Stuttgart 1959. S. 38–53

SEIDEMANN, JOHANN KARL: Thomas Müntzer. Dresden–Leipzig 1842

SMIRIN, M. M.: Die Volksreformation des Thomas Münzer und der große Bauernkrieg [Aus dem Russischen]. Berlin 1952

SOMMER, ERNST: Die Sendung Thomas Münzers. Berlin 1948

STROBEL, GEORG THEODOR: Leben, Schriften und Lehre Thomä Müntzers. Nürnberg–Altdorf 1795

WALTER, L. G.: Thomas Muntzer (1489–1525) et les luttes sociales à l'époque de la réforme. Paris 1927

WAPPLER, PAUL: Müntzer in Zwickau und die Zwickauer Propheten. Zwickau 1908 – Neudruck: Gütersloh 1966

ZIMMERMANN, JOACHIM: Thomas Müntzer, ein deutsches Schicksal. Berlin 1925

6. Einzeluntersuchungen

BARING, GEORG: Hans Denck und Thomas Müntzer in Nürnberg 1524. In: Archiv für Reformationsgeschichte 50/1959, S. 145–181

BEMMANN, RUDOLF: Thomas Müntzer, Mühlhausen und der Bauernkrieg. Festschrift für Seeliger. Leipzig 1920. S. 167–175

BENDER, HAROLD S.: Die Zwickauer Propheten, Thomas Müntzer und die Täufer. In: Theologische Zeitschrift 8 (1952), S. 262–278

BENSING, MANFRED: Müntzer in Nordhausen 1522. In: Zeitschrift für Geschichtswissenschaft 10 (1962), S. 1095 f
Idee und Praxis des «Christlichen Verbündnisses» bei Thomas Müntzer. In: Wissenschaftliche Zeitschrift der Karl-Marx-Universität Leipzig. Gesellschafts- und sprachwissenschaftliche Reihe. 1965, S. 459 f
Müntzers Frühzeit. In: Zeitschrift für Geschichtswissenschaft 14 (1966), H. 3
Thomas Müntzer und der Thüringer Aufstand 1525. Berlin 1966 [Zugrunde gelegt ist die gleichnamige Dissertation. Berlin 1962]
BÖHMER, HEINRICH: Studien zu Thomas Müntzer. Leipzig 1922
Thomas Müntzer und das jüngste Deutschland. In: Gesammelte Aufsätze. Gotha 1927. S. 187 f
BORN, GEORG: Geist, Wissen und Bildung bei Müntzer und Valentin Icklsamer. [Diss.] Erlangen 1952
DILSCHNEIDER, OTTO: Das Vergessene Evangelium vom Reiche Gottes. Vorbesinnung für eine Sozialethik. In: Theologia Viatorum. Jahrbuch der Kirchlichen Hochschule. Berlin 1966, S. 55–73
ELLIGER, WALTER: Zum Thema Luther und Müntzer. In: Luther-Jahrbuch 1967
FRANZ, GÜNTHER: Die Bildnisse Thomas Müntzers. In: Archiv für Kulturgeschichte 25 (1934), S. 21–37
Thomas Müntzer in Allstedt. In: 1000 Jahre Allstedt. Sonderheft von «Das Thüringer Fähnlein», 4. Jg. 1935, H. 7
FRIEDMANN, ROBERT: Thomas Müntzer's relations to anabaptism. In: Mennonite Quarterly Review 1957, S. 75–87
FRISAN, A.: Thomas Müntzer in Marxist thought. In: Church History 34/1965, S. 306–327
GERDES, H.: Der Weg des Glaubens bei Müntzer und Luther. In: Mitteilungen der Luther-Gesellschaft 1955
GOEBKE, HERMANN: Neue Forschungen über Thomas Müntzer bis zum Jahre 1520. In: Neue Harz-Zeitschrift 9 (1957), S. 1–30 – Dazu M. Bensing in: Zeitschrift für Geschichtswissenschaft 3 (1966), S. 423–430
GOERTZ, H. J.: Innere und äußere Ordnung in der Theologie Thomas Müntzers. In: Studies in the history of Christian thought 2. Leiden 1967
GOLDBACH, G.: Hans Denck und Thomas Müntzer. Ein Vergleich ihrer wesentlichen theologischen Auffassungen. Eine Untersuchung zur Morphologie der Randströmungen der Reformation. [Diss.] Hamburg 1968
GRITSCH, ERIC W.: Thomas Müntzer and the origins of protestant spiritualism. In: The Mennonite Quarterly Review 37 (1963), S. 172–194
GÜNTHER, GERHARD: Zeugnisse über die Tätigkeit des Ewigen Rates zu Mühlhausen im Jahre 1525. In: Veröffentlichungen des Mühlhäuser Stadtarchivs Nr. 3–5/1962, S. 64
HAUSTEIN, M.: Müntzer contra Luther? In: Glauben und Gewissen 5 (1959), S. 191 f
HERMANN, RUDOLF: Amtsbrüder und Nachfolger Thomas Müntzers in der Stadt Allstedt. In: Das Thüringer Fähnlein 4 (1935), S. 417 f
HILLERBRAND, H. J.: Thomas Müntzer's last tract against Luther. In: The Mennonite Quarterly Review 38 (1964), S. 20–36

HINRICHS, CARL: Luther und Müntzer, ihre Auseinandersetzung über Obrigkeit und Widerstandsrecht. Berlin 1952 (= Arbeiten zur Kirchengeschichte. 29)
HOLZHAUSEN, FRIEDRICH AUGUST: Heinrich Pfeiffer und Thomas Müntzer in Mühlhausen. In: Zeitschrift für Geschichtswissenschaft Bd. 4/1845
HONEMEYER, KARL: Müntzers Berufung nach Allstedt. In: Harz-Zeitschrift 16 (1964), S. 103–111
Müntzers Allstedter Gottesdienst als Symbol und Bestandteil der Volksreformation. In: Wissenschaftliche Zeitschrift der Karl-Marx-Universität Leipzig. Gesellschafts- und sprachwissenschaftliche Reihe 3/1965, S. 473–477
HUSA, V.: Thomas Müntzer und Böhmen. In: Rospravy Československé Academie Vě; Roznik 67, 11, 1957
ISERLOH, ERWIN: Zur Gestalt und Biographie Müntzers. In: Trierer theologische Zeitschrift 71 (1962), S. 248 f
JORDAN, REINHARD: Der Druckort von Müntzers Schrift «Ausgedrückte Entplößung». In: Thüringisch-sächsische Zeitschrift für Geschichte und Kunst 1919, S. 53 f
Das Ende Müntzers. In: Zur Geschichte Mühlhausens 9/1911
Pfeiffers und Müntzers Zug in das Eichsfeld und die Verwüstung der Klöster und Schlösser. In: Zeitschrift für Thüringische Geschichte und Altertumskunde 13 (1903), S. 145 f
Der Regenbogen am Tage der Schlacht bei Frankenhausen. In: Thüringisch-sächsische Zeitschrift für Geschichte und Kunst 6 (1916), S. 190 f
KLEIN, GERHARD: Die Zukunftsimpulse in Müntzers religiösen Ideen. In: Die Christengemeinschaft 7 (1931), S. 264 f
KLEINSCHMIDT, KARL: Thomas Müntzer, die Seele des deutschen Bauernkrieges von 1525. Berlin 1952
KLETT, BERNHARD: Thomas Müntzer und der Bauernkrieg in Nordwest-Thüringen. Mühlhausen 1925
KOBUCH, MANFRED: Thomas Müntzers Weggang aus Allstedt. Zum Datierungsproblem eines Müntzerbriefes. In: Zeitschrift für Geschichtswissenschaft 8 (1960), S. 1632 f
KÖHLER, L.: Thomas Münzer und seine Genossen I/III. Leipzig 1843
LACKNER, MARTIN: Von Thomas Müntzer zum Münsterschen Aufstand. In: Jahrbuch des Vereins für westfälische Kirchengeschichte 1960/61, S. 9 f
LAU, FRANZ: Die prophetische Apokalyptik Thomas Müntzers und Luthers Absage an die Bauernrevolution. In: Gedenkschrift für Hermann Elert. Berlin 1955. S. 163 f
LOEWENBERG, VALENTIN: Thomas Müntzer und die Lutherkamarilla. Mühlhausen 1913
LOHMANN, ANNEMARIE: Zur geistigen Entwicklung Thomas Müntzers. Leipzig–Berlin 1931 (= Beiträge zur Kulturgeschichte des Mittelalters und der Renaissance. 47)
LÖSCHE, DIETRICH: Achtmänner, Ewiger Bund und Ewiger Rat in Mühlhausen. In: Jahrbuch für Wirtschaftsgeschichte 1960, I, S. 135–165
MEHL, O. J.: Thomas Müntzers deutsche Messen und Kirchenämter. Grimmen 1937

Thomas Müntzer als Liturgiker. In: Theologische Literaturzeitung 76 (1951), Sp. 75 f

MERX, OTTO: Thomas Münzer und Heinrich Pfeiffer (1523–1525). [Diss.] Göttingen 1889

METZGER, WOLFGANG: Müntzeriana. In: Thüringisch-sächsische Zeitschrift für Geschichte und Kunst 16/1927

MÜLLER, K., W. SCHMIED und E. KRAUSE: Der Kampf der Berggesellen unter Thomas Müntzers Regenbogenfahne. In: Sangerhäuser Heimatblätter 1954, H. 3

NIPPERDEY, THOMAS: Theologie und Revolution bei Thomas Müntzer. In: Archiv für Reformationsgeschichte 54/1963, S. 145–181

SCHIFF, OTTO: Thomas Müntzer und die Bauernbewegung am Oberrhein. In: Historische Zeitschrift 110 (1912), S. 67–90

Müntzer als Prediger in Halle. In: Archiv für Reformationsgeschichte 23/1926, S. 287–293

SCHMIDT, RAINER: Thomas Müntzer im Geschichtsbild des Dialektischen Materialismus. In: Deutsches Pfarrerblatt 65 (1965), S. 258–262

SCHWARZE, HEINRICH: Der Freiheitsbegriff bei Luther und Müntzer. In: Das Problem der Freiheit im Lichte des wissenschaftlichen Sozialismus. Berlin 1956. S. 34 f

SMIRIN, M. M.: Thomas Münzer und die Lehre des Joachim von Fiore. Berlin 1952

STEINMETZ, MAX: Zur Geschichte der Müntzer-Legende. In: Beiträge zum neuen Geschichtsbild. Zum 60. Geburtstag von Alfred Meusel. Berlin 1956. S. 35–70

Das Müntzerbild in der Geschichtsschreibung von Luther und Melanchthon bis zur Französischen Revolution. [Habilitationsschrift (MS).] Jena 1956

Melanchthons Stellung zu Müntzer und Storch. In: Philipp Melanchthon 1497–1960. Berlin 1963. Bd. 1, S. 138–173

WATTENBERG, DIETRICH: Der Regenbogen von Frankenhausen am 15. Mai 1525 im Lichte anderer Himmelserscheinungen. In: Archenhold-Sternwarte Berlin–Treptow. Vorträge und Schriften 24/1965

WEHR, GERHARD: Thomas Müntzer deutet die Schrift. In: Die Christengemeinschaft 43 (1971), S. 283–286

Thomas Müntzer. Ein Streiter für das Recht. In: Die Kommenden, H. 21, 25. Jg. 1971

WOLFGRAMM, EBERHARD: Der Prager Anschlag des Thomas Müntzer nach der Handschrift der Leipziger Universitätsbibliothek. In: Wissenschaftliche Zeitschrift der Karl-Marx-Universität Leipzig. Gesellschafts- und sprachwissenschaftliche Reihe 3/1956/57, S. 295–308

WOLFRAM, G.: Müntzer in Allstedt. In: Zeitschrift für thüringische Geschichte NF 5/1887, S. 271–295

ZUMKELLER, ADOLAR: Thomas Müntzer, Augustiner? In: Augustiniana 9/1959, S. 380–385

NAMENREGISTER

Die kursiv gesetzten Zahlen bezeichnen die Abbildungen

Agricola, Johannes (Johannes Schnitter) 27, 108, 130
Albrecht III., Graf von Mansfeld 124
Althaus, Paul 88; Anm. 104
Amos von Tekoa 7
Amsdorf, Nikolaus von 40
Apuleius, Lucius 17

Baring, Georg Anm. 128
Bensing, Manfred 61, 94 f, 99, 100, 114, 116, 121; Anm. 68, 115, 117, 120, 123, 124, 134, 141, 150, 151, 161
Bloch, Ernst 7, 23, 57, 65, 116, 128; Anm. 1, 13, 144, 157; *116*
Böhm, Hans 10, 13; Anm. 3
Bonhoeffer, Dietrich 23, 24
Brant, Sebastian 9
Bullinger, Heinrich 107

Cajetan, Jakob, Kardinal (Jacobus Thomas de Vio) 101

Denck, Hans 102, 103, 108
Dilschneider, Otto Anm. 77
Dürer, Albrecht 101

Ebner, Hieronymus 101
Eck, Johannes (Johann Maier) 19
Eckart, Meister 117
Egesippus s. u. Hegesipp
Egranus, Johannes Sylvius (Johannes Wildenauer) 19, 21, 22, 24, 33; Anm. 17
Engels, Friedrich 58
Erasmus von Rotterdam (Desiderius Erasmus) 15, 17, 79, *81*
Ernst, Herzog von Sachsen, Erzbischof von Magdeburg 18
Ernst I., Graf von Mansfeld 42 f, 45, 46, 47, 115, 124, 129
Eusebius von Caesarea 31 f, 48

Franz, Günther 40, 75, 94, 114, 129; Anm. 42, 98, 102, 114, 142, 156
Friedrich III. der Weise, Kurfürst von Sachsen 40, 42, 44, 46 f, 54, 56, 58, 59, 71, 95, 110, 112, 123, *43*

Geiler von Kaysersberg, Johannes 9
Georg der Bärtige, Herzog von Sachsen 95, 113, 123, 126, 132 f, *97*
Gersen, Ottilie von 96
Gideon 115, 119, 135
Grebel, Konrad 99, 107
Günther, Franz 18

Hegesipp 31 f, 48
Hergot, Johann 104
Hilkia, Hohepriester 66
Hinrichs, Carl 46 f, 66, 73; Anm. 39, 40, 60, 67, 82, 84, 90, 92
Hitler, Adolf 23
Höltzel, Hieronymus 104
Holzschuher, Hieronymus 102
Hubmaier, Balthasar 85, 106, 108
Hugwald, Ulrich 106, 107, 108
Hus, Jan 9, 30, 35, 57, 76, 99, *8*
Hut, Hans 17, 101, 102, 104
Hutten, Ulrich von 15

Iserloh, Erwin 51; Anm. 47, 113

Jedin, Hubert Anm. 47
Jeori 61; Anm. 70
Jeremia 37, 54, 73
Jesus 7, 30, 37, 38, 45, 51, 52, 54, 56, 62, 65, 72, 74, 91, 110, 111, 112, 126
Joachim von Fiore (Gioacchino da Fiore) 27, 57
Johann der Beständige, Kurfürst von Sachsen 59, 71 f, 95, 96, 123, *59*
Johann Friedrich, Kurprinz von Sachsen 59, 72

Johannes 26, 45, 52
Johannes der Täufer 64
Josia, König von Juda 66

Karl V., Kaiser 80, *80*
Karlstadt (Andreas Bodenstein) 19, 38, 51, 63, 102, 103, 121, *39*
Kautsky, Karl 58
Keßler, Johann 84; Anm. 100
Klaus, Bernhard 102
Konstantin I. der Große, Kaiser 32

Lau, Franz Anm. 113
Lilje, Hanns 93, Anm. 111; *94*
Linck, Wenzel 101
Loewenich, Walther von 93; Anm. 110
Lösche, Dietrich Anm. 124
Lotzer, Sebastian 85
Luther, Martin 10, 14 f, 16, 17, 18 f, 21 f, 28, 31, 37, 38, 40, 42, 43, 44, 46, 51, 53, 55, 56 f, 58, 60, 63, 64, 65, 72, 73, 76, 79 f, 87 f, 95, 96 f, 101, 103, 104, 106, 108, 109 f, 112, 121, 130, 132, 136; Anm. 103, 105, 106, 108, 112; *15, 26, 78*

Manz, Felix 107
Marx, Karl 95; Anm. 140
Meinhold, Peter Anm. 3
Melanchthon, Philipp (Philipp Schwarzerd) 38, 40, 108, 130, *39*
Montanus 27
Moses 118
Mühlpfort, Hermann 21
Müller, Caspar 93
Müller, Hans 85

Nebukadnezar II., König von Babylon 60
Nigg, Walter 135
Nikolaus von Kues (Nikolaus Chrypffs) 9

Oekolampadius, Johannes (Johannes Heußgen) 16, 102, 106, 107 f, *107*
Osiander, Andreas 102, 104, *103*

Paulus 52, 125
Petrus 125
Petrus Waldus 8, 98
Pfeiffer, Heinrich 99 f, 104, 106, 113, 115, 118, 121, 132, 133
Philipp, Landgraf von Hessen 113, 123, 126, 132 f, *124*
Pirckheimer, Willibald 102, 108, *105*
Platon 17

Reuchlin, Johannes 17
Riemeck, Renate 9; Anm. 2
Rückert, Nickel 71, 72

Savonarola, Girolamo 9
Schmidt, Kurt Dietrich Anm. 109
Seyppel, Joachim Anm. 146
Sickingen, Franz von 15
Sigismund, Kaiser 10
Smirin, M. M. 24, 58; Anm. 14, 35, 66, 146
Spalatin, Georg (Georg Burckhardt) 54
Spengler, Lazarus 102
Steck, Karl Gerhard Anm. 4, 77
Steinmetz, Max 106, 130, 133; Anm. 132, 133, 158
Stolberg, Graf Wolfgang von 128
Storch, Nikolaus 25, 38, 40
Striebeck, Peter 20/21
Stübner, Markus 38, 40

Tauler, Johannes 17, 25, 51, 117; Anm. 146
Tiburtius von Weißenfels, Pater 22, 24 f
Trixner, Heinz 20/21
Tucher, Anton 101

Volbrecht, Wolfgang 102

Wappler, Paul 27; Anm. 9, 10, 18, 19

Wehr, Gerhard Anm. 76
Weill, Alexander Anm. 148
Werthern, Hans von 128
Witzleben, Friedrich von 68
Wyclif, John 8 f, 27, 76, 98

Zeiß, Hans 44, 54, 59, 66, 68, 71, 96, 120 f
Žižka, Jan 36
Zwingli, Huldrych 16, 78, 87, 106 f, 88

ÜBER DEN AUTOR

GERHARD WEHR, Jahrgang 1931, Ausbildung und Einsatz als Diakon in der evang.-luth. Landeskirche Bayerns (Gemeindearbeit, Erwachsenenbildung, theologische Diakonenausbildung); jetzt freier Schriftsteller, wohnhaft in Schwarzenbruck bei Nürnberg. Publikationen: «*Martin Buber*» (Reinbek 1968), «*C. G. Jung*» (Reinbek 1969), «*Jakob Böhme*» (Reinbek 1971), «*C. G. Jung und Rudolf Steiner*» (Stuttgart 1972), «*Thomas Müntzer. Schriften und Briefe*» (Frankfurt a. M. 1973), «*Wege zu religiöser Erfahrung. Analytische Psychologie im Dienste der Bibelauslegung*» (Olten–Freiburg i. B. 1974), «*Christusimpulse und Menschenbild. Rudolf Steiners Beitrag...*» (Freiburg i. B. 1974), «*Esoterisches Christentum*» (Stuttgart 1975), «*Jakob Böhme. Christosophia*» (Freiburg i. B. 1975).

QUELLENNACHWEIS DER ABBILDUNGEN

Archiv für Kunst und Geschichte, Berlin: 6, 18/19, 41, 43, 70, 77, 90 / Staatsbibliothek, Berlin: 12, 22/23, 30, 81, 120 / Stadtbibliothek Mühlhausen: 134 Historia-Photo, Bad Sachsa: 17, 26, 78, 85, 86, 102, 124, 126/127 / Horne-Stiftung, Florenz: 39 unten / Rosemarie Clausen: 20/21, 131 / Bibliothek des Nationalmuseums, Prag: 32 / Universitätsbibliothek, Basel: 39 oben / dpa: 24, 94, 116 / Ullstein-Bilderdienst, Berlin: 50, 98, 109 / Aus: Urban Rhegius, «Wie man die falschen Propheten erkennen mag» (Braunschweig 1539): 36 / Staatliche Gemäldegalerie, Dresden: 59 / Staatliche Museen, Stiftung Preußischer Kulturbesitz, Berlin-Dahlem: 105 / Rowohlt-Archiv: 80 / Alle übrigen Bildvorlagen besorgte der Autor.